U0873103

云南省高速公路品质服务区创建技术指南

Technical Guide for the Construction of Expressway Quality Service Area in Yunnan Province

段　军　陈　芳　杨志华　王少飞　编著

西南交通大学出版社
2020　成　都

图书在版编目（CIP）数据

云南省高速公路品质服务区创建技术指南 / 段军等编著. —成都：西南交通大学出版社，2020.7
ISBN 978-7-5643-7459-4

Ⅰ.①云… Ⅱ.①段… Ⅲ.①高速公路－服务设施－交通运输管理－云南－指南 Ⅳ.①U491.8-62

中国版本图书馆 CIP 数据核字（2020）第 100374 号

Yunnan Sheng Gaosu Gonglu Pinzhi Fuwuqu Chuangjian Jishu Zhinan

云南省高速公路品质服务区创建技术指南

段军　陈芳　杨志华　王少飞　编著

责任编辑	杨　勇
封面设计	GT 工作室
出版发行	西南交通大学出版社 （四川省成都市二环路北一段 111 号 西南交通大学创新大厦 21 楼）
发行部电话	028-87600564　028-87600533
邮政编码	610031
网　　址	http: //www.xnjdcbs.com
印　　刷	成都蜀通印务有限责任公司
成品尺寸	140 mm × 203 mm
印　　张	3.375
字　　数	87 千
版　　次	2020 年 7 月第 1 版
印　　次	2020 年 7 月第 1 次
书　　号	ISBN 978-7-5643-7459-4
定　　价	56.00 元

图书如有印装质量问题　本社负责退换
版权所有　盗版必究　举报电话：028-87600562

前　言

本指南由施甸县保施高速公路投资开发有限公司牵头组织编制，招商局生态环保科技有限公司、招商局重庆交通科研设计院有限公司、云南建设基础设施投资股份有限公司、云南省建设投资控股集团有限公司共同承担本指南的制定工作。

为指导云南省建设投资控股集团有限公司所辖服务区建设，提升服务区品牌和经济效益，制定本指南。

本指南规定了高速公路服务区的类型划分、功能配置、建设规模、设计要求等。内容包括总则、规范性引用文件、术语和符号、选址规划、分类及建设规模、功能分区及总体布局、建筑设计、建筑设备、智慧服务区、绿色服务区、服务区+、开放式服务区、附录。

编写人员名单

主　　编：段　军　陈　芳　杨志华　王少飞

副 主 编：代绍海　杨运兴　王忠伟　金　飞
马　璐

参编人员：杨　林　张巳煜　王　宾　周智海
杨希文　俞山川　段克武　王　云
杨黎坤　吴金锁　念培红　赵　川
王甲贤　安文娟　方义明　熊　潇
闻乃军　王一迦　刘　波　周广振
牟春海　周　畅　李晓龙　马鑫云

目　录

1 总 则

1.0.1 为统一云南省建设投资控股集团有限公司所辖高速公路的服务区设计标准，提升服务区品质，指导服务区建设，制定本指南。

1.0.2 本指南适用于新建、改建、扩建高速公路服务区的规划、设计。

1.0.3 服务区建设要坚持以人为本，遵循“统筹规划、因地制宜、布局合理、规模适宜、生态环保、经济实用”的原则，做到使用方便、功能完善、特色鲜明、安全舒适、环境优美、智能先进，适应高速公路可持续发展要求。

1.0.4 服务区设计方案应体现所在区域自然和人文环境特点。

1.0.5 服务区建设应符合云南省高速公路服务区布局规划要求。纳入规划的服务区应与高速公路主体工程同步立项、同步设计、同步实施、同步使用。近期预测交通量不大的服务区，可按“一次规划、分期实施”的原则建设。

1.0.6 服务区建设应积极而稳妥地采用新理论、新技术、新工艺、新设备、新材料。

1.0.7 服务区建设必须高度重视环境保护，应列入公路建设项目环境影响评价范围。

1.0.8 服务区规划、设计除应符合本指南外，还应符合国家、行业和云南省现行有关标准规范的规定。

2 规范性引用文件

下列文件对于本文件的应用是必不可少的。凡是注日期的引用文件，仅注日期的版本适用于本文件。但是不注日期的引用文件，其最新版本（包括所有的修改单）适用于本文件。

《中华人民共和国网络安全法》

GB 50352《民用建筑设计统一标准》

GB 50034《建筑照明设计标准》

GB/T 24969《公路照明技术条件》

GB 50156《汽车加油加气站设计与施工规范》

GB 50067《汽车库、修车库、停车场设计防火规范》

GB 50016《建筑设计防火规范》

GB 50763《无障碍设计规范》

GB 5768.2《道路交通标志和标线 第2部分：道路交通标志》

GB 50966《电动汽车充电站设计规范》

GB 50974《消防给水及消火栓系统技术规范》

GB 50057《建筑物防雷设计规范》

GB 50343《建筑物电子信息系统防雷技术规范》

GB 50015《建筑给水排水设计规范》

GB/T 31710.2《休闲露营地建设与服务规范 第2部分：自驾车露营地》

GB 50461《石油化工静设备安装工程施工质量验收规范》

GB 51039《综合医院建筑设计规范》

GB 5749《生活饮用水卫生标准》

GB 17945《消防应急照明和疏散指示系统》

GB 51309《消防应急照明和疏散指示系统技术标准》

GB 50311《综合布线系统工程设计规范》

GB 50736《民用建筑供暖通风与空气调节设计规范》

GB 51251《建筑防烟排烟系统技术标准》

GB/T 28181《公共安全视频监控联网系统信息传输、交换、控制技术要求》

GB 50174《数据中心设计规范》

GB/T 22239《信息安全技术 网络安全等级保护基本要求》

GB/T 18920《城市污水再生利用 城市杂用水水质》

GB/T 51077《电动汽车电池更换站设计规范》

JTG B01《公路工程技术标准》

JTG D80《高速公路交通工程及沿线设施设计通用规范》

JTG D20《公路路线设计规范》

JTG/T D21《公路立体交叉设计细则》

JTG/T 6303.1《收费公路移动支付技术规范 第一册 停车移动支付》

JGJ 36《宿舍建筑设计规范》

JGJ 48《商店建筑设计规范》

JGJ 62《旅馆建筑设计规范》

JGJ 64《饮食建筑设计标准》

JGJ 67《办公建筑设计规范》

JT/T 1199.2《绿色交通设施评估技术要求 第2部分：绿色服务区》

CJ/T 164《节水型生活用水器具》

CJJ 14《城市公共厕所设计标准》

NB/T 1001《液化天然气（LNG）汽车加气站技术规范》

15D502《等电位联结安装》

GA/T 497《道路车辆智能监测记录系统通用技术条件》

GA/T 1202《交通技术监控成像补光装置通用技术条件》

DB 53/T《高速公路服务设施设计规范》

DBJ 53/T-39《云南省民用建筑节能设计标准》

《公路工程项目建设用地指标》(建标〔2011〕124号)

《“司机之家”建设指南》(交办运函〔2019〕552号)

《收费公路联网收费技术要求》(交通部2007年第35号公告)

《收费公路联网电子不停车收费技术要求》(交通运输部2011年第13号公告)

《高速公路监控技术要求》(交通运输部2012年第3号公告)

《全国高速公路服务区服务质量等级评定办法(试行)》(交公路发〔2015〕29号)

《高速公路服务区星级考核评定管理办法》(云交公路〔2019〕23号)

《云南省高速公路服务区建设(改扩建)规划》(云交管养〔2017〕33号)

《云南省人民政府关于印发云南省高等级公路服务设施整治提升实施方案以及监督管理办法和服务质量考核办法的通知》(云政发〔2017〕27号)

《云南省交通运输厅关于印发高速公路服务设施建设指导意见的通知》(云交基建〔2018〕97号)

《云南省交通运输行业视频监控建设指南(试行)》(云交信息〔2016〕792号)

3 术语和符号

3.1 术 语

3.1.1 高速公路服务区

设置在高速公路沿线，为途经车辆和司乘人员提供服务的场所和建筑设施，满足休息、停车、餐饮、加油等功能。

3.1.2 中心服务区

设置在高速公路沿线，具有主导地位，功能完善、规模较大，为车辆、司乘人员提供服务的场所和建筑设施。

3.1.3 普通服务区

设置在高速公路沿线，居次要地位，功能较全、规模适中，为车辆、司乘人员提供服务的场所和建筑设施。

3.1.4 停车区

设置在高速公路相邻服务区之间，功能单一、规模较小，仅提供停车、如厕等基本功能的服务场所。

3.1.5 开放式服务区

在一定程度上打破传统服务区的封闭性，通过步行道与周边居民区连接，或接驳地方交通，与周边经济紧密联系的服务区。

3.2 符 号

VI——视觉识别系统；

APP——应用程序；

WiFi——无线上网；

4G/5G——第四/五代移动通信技术；

UGC——用户生成内容；

LNG——液化天然气；

IP——网际互连协议；

ETC——电子不停车收费系统。

4 选址规划

4.1 一般规定

4.1.1 服务区选址应根据道路线形、地形地质、交通区位、周边资源、交通流量、场地特征、景观和环保要求、相邻服务区设置及相关基础设施条件等因素确定。服务交通量比较大、服务需求以用餐和住宿为主或需特色主题打造的服务区，应设置中心服务区。

4.1.2 在技术可行、经济合理、满足运营管理要求的前提下，服务区可与互通式立体交叉、收费站、管理站、养护中心、观景台等设施同址合建，但应做好道路交通组织及设施设计。

4.2 选址原则

4.2.1 应充分合理利用高速公路沿线土地资源，少占（或不占）耕地，减少拆迁和土方的填挖量，并考虑远期发展余地。

4.2.2 应避免选择地势低洼易淹和山洪、滑坡、流砂、断层、地震断裂带等地质灾害易发的地段。当选址不能避开上述安全隐患时，应采取措施保证场地对可能产生的自然灾害或次生灾害有充分的抵御能力。场地范围内应无高压输电线穿越、无电磁辐射危害、无排放超标的污染源等。

4.2.3 利用裸岩、石砾地、陡坡地、塌陷地、沙荒地、沼泽地、废窑坑等废弃场地时，应进行场地安全性评价，并应采取相应的防护措施。

4.2.4 服务区选址应避让饮用水源二级及以上保护区。

4.2.5 应与所在地区的城市规划、自然保护区规划、旅游发展规划等相适应，优先考虑历史文化氛围厚重、自然地理环境优越、特色产品丰富多彩的地段，充分发掘所在地区的商业、旅游资源。

4.2.6 在连续长下坡路段，服务区宜设置在长下坡上游区域或起始段附近。

4.2.7 宜选择在供电、给排水、通信、上下班、物资供应等容易解决的地段，便于运营管理和维护。

4.2.8 用地形状应利于功能布局，宜征用梯形或长方形叠加地块。

4.3 规划原则

4.3.1 应依据《云南省高速公路服务区建设（改扩建）规划》（云交管养〔2017〕33 号）要求，确定各服务区的功能、服务水平和建设规模。

4.3.2 服务区规划应视交通量的增长情况和路网规划变化，合理调整服务区的功能和规模大小，有重点、分层次、分阶段进行改扩建。

4.3.3 服务区如与高速公路管理设施同址合建时，应进行硬隔离。

4.3.4 运营初期交通量大、服务区使用率高的高速公路，服务区应一次性实施并投入使用；运营初期交通量较小、服务区使用率较低的高速公路，按一次性总体规划征地、分期设计和实施。

4.4 设置间距

4.4.1 服务区与隧道、互通式立体交叉、主线收费站的间距应符合 JTG B01《公路工程技术标准》、JTG D20《公路路线设计规范》、JTG D80《高速公路交通工程及沿线设施设计通用规范》、JTG/T D21《公路立体交叉设计细则》的规定，确保道路行车安全。

4.4.2 相邻服务区间距宜为 50 km，对于沿线城镇分布稀疏，水、电等供给困难的路段，以及需要考虑治超、应急救援等功能的服务区，可根据实际情况调整服务区间距，但最大间距不宜大于 60 km。若间距超过 60 km，服务区之间应按间距设置多个停车区，且应满足加油站间距不大于 50 km。

4.4.3 停车区可在服务区之间布设 1 处或多处，停车区与服务区或停车区之间的间距宜为 15 ~ 25 km，最大间距不宜大于 30 km。

4.5 布　置

4.5.1 服务区宜成对设置。若成对设置确有困难时，可错位设置。单侧设置时，可采用立交连接。

4.5.2 服务区场区功能设计应充分发挥和利用立体空间，节约土地资源。

4.5.3 根据服务区地形等条件，平面布局可与高速公路紧临或分离，纵面可平齐或高低错落。服务区场区平整以依山就势、高低错落为原则，统筹前后路段填挖等因素，尽可能做到填挖平衡，保护自然环境景观。

5 分类及建设规模

5.1 一般规定

5.1.1 服务区建设规模应根据高速公路预测交通量、交通组成、自然环境、用地条件等因素确定。

5.1.2 服务区建设规模包括用地规模和建筑规模，应符合 JTG B01《公路工程技术标准》、JTG D80《高速公路交通工程及沿线设施设计通用规范》、《公路工程项目建设用地指标》（建标〔2011〕124 号）、DB 53/T 2011《高速公路服务设施设计规范》的规定。

5.2 服务功能设施

5.2.1 服务区所提供的服务功能分为基本功能和拓展功能，服务区应具备基本功能，运营需要和条件允许时可增加拓展功能。

5.2.2 基本功能设施包括：

1 车辆服务设施：停车场、加油（气）站、充（换）电站、车辆检修、制动检查、加水站、交通信息提示牌、交通导向标志、场区安保、场区照明等。

2 人员服务设施：公共卫生间、住宿设施、餐饮娱乐、购物、室内外休息区、商业服务及信息服务、司机之家、简易医疗等。

3 管理及附属设施：管理用房、加水站业务用房、员工宿舍、辅助设备用房（水泵房/配电房等）、污水处理、垃圾处置、应急蓄水设施等。

5.2.3 拓展功能包括：旅游休闲娱乐、高速公路应急储备、仓储、物流服务等。

5.3 服务区分类

5.3.1 按照服务区所在地理位置、路段交通量、功能和规模，将高速公路服务区分为中心服务区、普通服务区和停车区三类。

5.3.2 中心服务区除满足普通服务区的基本功能外，还可设置星级宾馆、大中型超市，提供休闲娱乐和商务会议等功能。中心服务区宜设置在重点城市附近、著名旅游景区附近、省界等地段。

5.3.3 普通服务区应满足停车场、公共卫生间、加油站、车辆维修、加水、餐饮、超市、加气站、充电桩、综合服务和基础管理等功能。

5.3.4 停车区应满足停车场、公共卫生间等功能，根据具体情况可选择性增设加油站、加气站、充电桩、信息服务等功能。

5.4 设施配置

5.4.1 服务区设施功能应根据其功能和类别进行配置，应满足附录A的要求。

5.4.2 星级服务区设施配置应满足《全国高速公路服务区服务质量等级评定办法（试行）》（交公路发〔2015〕

29 号）、云南省交通运输厅印发的《高速公路服务区星级考核评定管理办法》（云交公路〔2019〕23 号）的相关规定。

5.5 用地规模

5.5.1 服务区用地面积应按照基本功能区和拓展功能区分别列计，基本功能区应满足未来 20 年交通量需求。

5.5.2 用地面积是由各类设施用地规模组合与叠加，包括综合楼、加油站、LNG 加气站、车辆维修间、配电房、水泵房、污水处理、锅炉房等建、构筑物的基底占地组成以及停车场、道路、广场、园地绿化的用地规模。出入口加减速车道、匝道、贯穿车道以及填（挖）方边坡和边沟等不计入用地面积。

5.5.3 同一段路沿线设置有多个服务区和停车区，且存在建设条件受限制，无法按规定面积设置服务设施的，可在满足服务设施间距要求的基础上将停车区与服务区合并建设，合并后的用地规模按照服务区和停车区之和计算。

5.5.4 根据不同类型高速公路服务设施的功能设置，各类型高速公路服务区基本功能建设用地规模宜符合表 5.5.4-1 规定。基本功能区各类设施的占地比例应根据具体情况合理分配。

表 5.5.4-1　高速公路服务区基本功能建设用地规模

类　型	车道数	预测交通量 /（万辆/日）	用地规模 /（hm^2/处）
中心服务区	四	2.5 ~ 5.5	10 ~ 21
	六	4.5 ~ 8.0	18 ~ 31
普通服务区	四	2.5 ~ 5.5	5 ~ 10
	六	4.5 ~ 8.0	7 ~ 14
停车区	四	2.5 ~ 5.5	2 ~ 4
	六	4.5 ~ 8.0	3 ~ 5

注 1：应根据路段预测交通量，在本表所列交通量区间内以插入法计算后进行规模取值。

注 2：八车道高速公路服务设施的用地规模应经专项论证后确定。

5.5.5 拓展功能区用地面积应单独计列；新建服务区拓展功能区应与基本功能区统一规划，可根据项目实际分期实施。

5.6 建筑规模

5.6.1 建筑面积应按照基本功能区和拓展功能区分别列计，基本功能区宜满足未来 20 年预测交通量需求。

5.6.2 建筑规模是服务功能建筑、办公生活功能建筑、配套功能建筑等各类功能建筑物的建筑面积之和，其计算应符合 GB 50352《民用建筑设计统一标准》的要求。污水处理设施用房、变配电用房及垃圾收集房的建筑面积不含在总建筑面积指标内。

5.6.3 当超限运输检测站等其他管理养护设施与服

务区同址建设时，其他管理养护设施的用地和建筑面积指标应单独计列。

5.6.4 当服务区中需增设公路交通应急保障、安防避难、旅游服务、民族文化传播等功能时，所增加的用地规模及建筑规模应经专项论证后单独计列。

5.6.5 各类型高速公路服务区建筑面积宜符合表5.6.5-1规定。

表 5.6.5-1 建筑设施规模配置表 单位：m^2/处

类型		中心服务区		普通服务区		停车区	
车道数		四车道	六车道	四车道	六车道	四车道	六车道
预测交通量/（万辆/日）		2.5～5.5	4.5～8.0	2.5～5.5	4.5～8.0	2.5～5.5	4.5～8.0
综合服务设施		4 200～8 500	7 500～12 700	2 500～3 000	2 500～3 600	400～800	600～1 100
加油及维修设施	加油站房	1 800～2 400	2 400～3 000	1 200～1 800	1 800～2 400	—	—
	维修库	400～600	600～800	300～400	400～500	—	—
后勤及附属设施		3 600～6 000	5 000～7 500	2 400～2 800	2 800～4 500	400～600	600～800
每处规模总计		10 000～17 500	15 500～24 000	6 500～8 000	7 500～11 000	800～1 400	1 200～1 900

注1：应根据路段预测交通量，在本表所列交通量区间内以插入法经计算后进行建筑设施规模取值。

注2：服务区两侧设置时，在超出总规模前提下，可针对两侧使用功能的不同需求拆分取值。

5.6.6 改建和扩建的服务区，其原有服务和配套设施经综合评估后可以合理利用的，应避免大拆大建，新建部分的建筑规模可适当减小。

6 功能分区及总体布局

6.1 一般规定

6.1.1 服务区设计洪水频率不小于100年一遇的标准。

6.1.2 服务区应根据路线条件和功能需求，对建筑布局、道路、停车场、竖向、绿化及工程管线等进行综合性的场地设计，充分开发和利用竖向空间，即地下和地上资源，保证服务设施综合规模满足要求。

6.1.3 场地内各功能区布局应符合下列规定：

1 应合理布置客车货车服务流线、人员服务流线、后勤服务流线等，各流线及节点应清晰、便捷、流畅，避免相互干扰。

2 各功能区之间、功能区与主线之间宜结合功能需求、道路布置、建筑朝向、间距及地形等因素，采取绿化屏障或其他措施，减少环境噪声、不良气味的影响。

3 应满足视距、安全、消防及卫生等要求。

6.1.4 场地内的加油站、加气站、充电桩、停车场、公共卫生间、餐饮、购物、住宿等对外公共服务设施应满足无障碍要求。

6.1.5 两侧布置的服务设施应设置人行通道。确有需求时，可设置内部后勤专用车行通道，通道可采用上跨天桥、地下通道等形式。

6.2 布局形式

6.2.1 根据服务区地形地貌、周边环境及其和主线的关系，其布局可采用主线双侧分离、主线单侧集聚等方式，宜优先采用主线双侧分离式布局方式，见附录B。分离式布设的服务区不宜追求两侧服务设施功能和布置完全对称。

6.2.2 不同布局形式服务区的特点和适用条件见表6.2.2-1。

表 6.2.2-1 不同布局形式服务区的特点和适用条件一览表

类型		特点	适用条件
分离式	外向型	主线、贯穿车道、停车场、综合楼的顺序布置	视野开阔、周边风景秀丽的情况
	内向型	各种设施的布设位置与外向型服务区恰好相反。按主线、贯穿车道、服务楼、停车场的顺序布置	周边是城市街道或处在深挖方路段、或场地采用高填方的情况
	内外向并用型	按贯穿车道、停车场、综合楼、停车场、贯穿车道、主线的顺序布设。综合楼的服务半径最小。交通分流明确	服务区场地面积大、进深较大的情况
	不对称功能集中型	是内向型的一种变形，停车场、公共卫生间、加油站等分布在主线两侧，食堂、办公楼、客房等集中到主线某一侧	主线两侧可用土地不平均等情况，当近期人流量较小、驶入率较低时可采用

续表

类型		特点	适用条件
分离式	跨线型	是内向型的一种变形，主要特点是将食堂、休息厅等设施利用主线上方的空间集中在一起，其优点是充分利用空间，节约用地，方便管理	山区路侧空间受限或挖方段道路
集聚式	单侧集聚	在主线一侧设置上、下行方向的服务区，商店、公共卫生间、休息区等配套设施均设置在同侧。有时将加油站等设施保留在行车方向同侧，其他设施集中置于主线一侧。这种形式的服务区能够有效地利用场地，节约运营成本。但需将一侧车辆经过跨线桥引导至道路另一侧，当重车、拖挂车比重较大时，实施较为困难	服务区一侧用地受限或某一侧资源优势明显的情况
	中央集聚	将服务区集中设置于上、下行的中间区域。弊端是分、合流车道位于行车道左侧，进出车辆安全风险较大。因此，应尽量避免采用	上、下行车道分离，中央行车带较宽而路侧空间较小的情况

6.3 总平面功能分区

6.3.1 总平面布置应功能分区明确，应按照“人车分流”的原则，合理布置人流、车流，减少人车流线交叉，方便人员、车辆安全通行。

6.3.2 宜采用“先停车、后加油”的流程，主公共卫生间应设置在靠近入口侧。加油（加气、换充电）站宜设置在靠近出口侧。

6.3.3 采用单侧聚集式的服务区，其上、下行停车区宜采用独立分区，部分设施可以共用。未解决高速公路调头车辆收费识别问题时，上、下行车流不得混流。

6.3.4 加油站宜按柴油车、汽油车类型，实行分区加油，提高车辆加油效率；预留加气站位置。

6.3.5 供车辆使用的设施按如下原则布置：

1 服务区内连接道路应保证车辆顺利完成车速的变化及顺畅通达各个设施。

2 停车场应保证车辆方便驶入和驶出，还应设置人员进入和离开停车场的通道，并保证人员的安全。

3 广场应有足够的供乘客短暂停留的使用面积。

4 加油站原则上设置于出口一侧，并远离停车区域。地形受限时可设在中间，不推荐设置在进口位置，加油流量较大或高峰集中的服务区，宜采用内向型设计。

5 维修站位置宜相对独立，宜设置在服务区入口一侧，或停车场、加油站之间，并靠近大货车停车区，避免车辆在服务区内逆向行驶。

6.3.6 供司乘人员使用的设施按如下原则布置：

1 餐厅的设置可更加靠近小型车停车位置，免费休息区应靠近大型货车车位。

2 各功能区至公共厕所的距离宜均衡。人员服务设施的各功能用房分开设置时，宜用宽度不小于 3 m 的连廊连接。公共厕所应靠近停车场设置，特别是大型车停车场，独立设置的大型公共厕所应附设外卖部。公共厕所一般离停车场最短距离不超过 30 m，同时离综合楼的距离不宜太远，也可与综合楼合并设置。

3 服务区综合楼前宜设广场。各功能区至服务综合楼的距离宜均衡。综合楼与停车场的最短距离为 20～45 m，两者之间的连接道路宜用乔木遮荫；若有河塘、湖泊等水体，综合楼可靠近水体设置。

4 上跨主线的服务综合楼或带商业功能的天桥，必须满足现行高速公路各项控制指标的要求，并应设置防撞、防坠措施及警示标识。

5 独立的商店、通信设施等其他服务性设施可设置于餐厅和公共厕所之间，也可以设置于通达这些设施的通道处。

6 停车场、园地、餐厅、厕所及商店等设施及其连接道路应满足无障碍通行和使用。

7 无障碍设施有条件单独设置的应尽量单独设置，通道应能保证轮椅顺利通行。

6.3.7 配套附属设施按如下原则布置：

1 附属设施宜设置在主体建筑的背面，或单独设置专用区域，尽量避免进入使用者的眺望范围，依照各种设施相关法规设置，并保证周围有通畅的补给通道和消防通道。

2 在餐厅、商店、加油站等需要后勤车辆补给原材料的设施周围，应该设立专门的业务用停车位。根据设施的规模、补给车辆的尺寸、使用周转频率等特点，确立停车位的位置、数量以及车位尺寸。

3 服务区应为消防、医护、公路巡逻等特勤车辆预留车位，为服务区公务人员设立专门的高速公路出口。

4 服务通道是连接主线两侧服务区的通道，只在工作车辆、特勤车辆需要通过时开放，服务区的使用者应可以通过服务通道到达另一侧的服务区。

5 在高速公路上应设置关于沿线服务区间距和位置的诱导设施，各服务区内应设置服务区内部布局的诱导设施。

6 对于给排水设施、电气通信设施、管理监控设施、垃圾处理等与服务区使用者无关的设施，除必要的连接通道外，应尽量与服务区隔离。

7 配电室、通信机房等危险或重要设施应设置于安全位置，远离加油站和人员出入频繁的区域。

6.4 总平面与竖向设计

6.4.1 服务区总平面设计一般规定如下：

1 总图布置范围沿高速公路方向从主线入口匝道至出口匝道。以综合楼、加油站、道路交通为纽带进行场所和建筑设施的综合布置。

2 功能分区可分为综合服务区、车辆停放区、车辆加油区、车辆加水维修区、后勤服务区和休闲绿化区，并应做到布局合理，使用方便，流线简捷，示例见附录C。

3 服务综合楼与高速公路主线的安全距离应大于15 m，条件允许时宜大于50 m。

4 总平面布置应设置独立的员工宿舍楼，并配置供职工活动、晾晒场地等场所。

6.4.2 货、客车的停车场应分开布置，客车停车区宜靠近主要建筑物设置；货车停车区不宜集中设置在主要建筑物前侧，并应设有安全通道至综合楼。

6.4.3 公共厕所宜靠近停车场与综合楼合并设置。独立设置的大型公共厕所与综合楼之间应设置走廊连接。

6.4.4 加油站宜设置在靠近场区出口位置，加油站四周宜有环形路贯通，且必须与周围建筑保持足够的安全距离。

6.4.5 场地填挖高度小于5 m时，在与村庄、农田等交接部分必须设置安全耐用隔离设施。

6.4.6 服务区竖向设计一般规定如下：

1 场地地面坡度不应小于0.2%，地面坡度大于8%时宜分成台地。

2 场地内的排水系统应与公路排水系统顺畅衔接。

6.4.7 服务区中各功能区场地的适宜坡度应符合下列规定：

1 硬地广场坡度宜为0.3%～3%，最大不得超过3%。

2 绿地坡度宜为0.5%～5%。

3 停车场的同一停车区宜设在同一标高上。停车场纵向坡度不得大于 2%。

4 无障碍停车位坡度不得大于 2%。

5 儿童游戏场坡度宜为 0.3% ~ 2.5%。

6.5 停车场

6.5.1 停车场可分为小客车区、大客车区、货车区、特种车区（危险品停车区、牲畜停车区）和超长车区。

6.5.2 停车场的设置应满足各型车使用要求，避免相互干扰。

6.5.3 停车位数量应按表 6.5.3-1 取值。

表 6.5.3-1 停车位数配置表 单位：位/处

服务设施类型	车道数	预测交通量/（万辆/日）	小型车	中型车	大型车	超长车
中心服务区	四	2.5 ~ 5.5	250 ~ 550	30 ~ 65	70 ~ 170	10 ~ 15
	六	4.5 ~ 8.0	450 ~ 800	50 ~ 95	130 ~ 250	15 ~ 20
普通服务区	四	2.5 ~ 5.5	170 ~ 370	15 ~ 30	95 ~ 210	3 ~ 5
	六	4.5 ~ 8.0	300 ~ 540	25 ~ 45	170 ~ 300	5 ~ 10
停车区	四	2.5 ~ 5.5	40 ~ 100	8 ~ 20	55 ~ 120	3 ~ 5
	六	4.5 ~ 8.0	80 ~ 140	15 ~ 25	90 ~ 170	5 ~ 10

注 1：应根据路段预测交通量，在本表所列交通量区间内以插入法计算后进行停车位数取值。

注 2：若服务设施为两侧式，其各车型停车位数应按需分配。

6.5.4 停车场宜按不同类型车辆，实行分区停车。综合楼、公共卫生间前设置的停车位不得影响人员通行。

6.5.5 停车场应设危险品车、畜产车专用停车位和超长车停车位。危险品车、畜产车专用停车位应设置在相对独立、处于综合楼下风向的区域，与营运客车、社会车辆相隔离，并远离综合楼；超长车停车位宜顺贯穿车道设置。

6.5.6 客车停车场位置的设置应尽量缩短人员至综合楼、公共卫生间的步行距离。

6.5.7 有条件时，服务区综合楼可设地下室、半地下室或架空层，作为小型客车停车场。

6.5.8 公共卫生间附近宜设大客车下客区，综合楼前宜设置进深不小于 5 m 的人流缓冲活动区。

6.5.9 综合楼、公共卫生间入口附近应各设置不少于 2 个无障碍停车位，车位的设计应符合 GB 50763《无障碍设计规范》的规定。

6.5.10 停车场的设计应符合下列要求：

1 客车停车区宜设置在公共卫生间、餐饮、休息等主要设施附近。大客车停车位侧边宜设置高度≤0.2 m、宽度≥1 m 的安全岛方便乘客上下车。

2 应设置无障碍停车位，并设置无障碍通道，其停车位坡度不应大于 2%，一侧设宽不小于 1.2 m 的轮椅通道。无障碍停车位应明显地标出其用途。

3 停车场的进、出通道，单车道净宽不应小于 4 m，双车道净宽不应小于 6 m；当车辆穿过建筑物时，通道的净高和净宽应大于 5 m。

4 充分利用地形，尽量减少土石方量。

6.5.11 停车位的设置应符合停车场相关的规定，具体方式见附录 D，并符合下列要求：

1 小客车停车场的停车方式宜采用 90°或 60°斜放式停车，后退停车、前进发车。

2 大客车停车场的停车方式宜采用 30° 斜放式停车，前进停车、前进发车。

3 大货车停车场的停车方式宜采用 45° 斜放式停车，前进停车、前进发车。

4 超长车停车场的停车方式宜采用平行式停车，方便车辆进出。

6.5.12 加油站和维修区应采用水泥混凝土路面，车行道和停车场宜采用沥青混凝土路面。

6.6 道路交通

6.6.1 服务区内的道路交通组织应方便、快捷、安全、畅通。

6.6.2 加油站内的交通流线应考虑车辆休息前加油、休息后加油、直接加油三种情况的行驶路线，避免不同车辆流线的相互影响。

6.6.3 应设置交通导向标志，避免不同车型行车路线的相互干扰与冲突，并避免停车、加油及维修车流之间的交叉。

6.6.4 应避免车流和人流的交叉，处理好为车服务的设施与为人服务的设施之间的关系。

6.6.5 应避免后勤服务性交通对主要功能区的干扰。

6.6.6 道路平面设计应符合下列要求：

1 在满足车行条件下，应结合自然条件及建筑物的布局，因地制宜地确定路线具体方向及位置。

2 建筑物布置、道路设置及绿化种植等应确保服务区内各种车辆的转弯半径和安全视距满足相关规范要求。

3 在道路转折处线形应采用圆曲线，应保持一定的行车视距。

6.6.7 道路纵断面设计应线形平顺，尽量减小土方工程量，并保证道路及两侧建筑用地的排水要求和满足地下管线的敷设要求。

6.6.8 服务区道路分为场地外连接道路和场地内道路。场地外连接道路应符合下列规定：

1 场地外连接道路宜划分为与高速公路主线连接的匝道、与其他道路连接的后勤专用服务道路。

2 服务区的出、入口应分离设置，服务区场地出口宽度应不少于 2 条车道。

3 服务区匝道宜采用互通式立体交叉单向单车道匝道的横断面。匝道平纵面线形、变速车道和鼻端等的设计应符合互通式立体交叉匝道及连接部设计的有关规定。

4 服务区的出口匝道长度不应小于 60 m，入口匝道的长度不应小于表 6.6.8-1 的规定值。

表 6.6.8-1 服务区入口匝道最小长度

主线设计速度/（km/h）	120	100	80	60
服务区出口匝道最小长度/m	110	90	80	60

5 匝道与场地连接点向场地内延伸 30 m 范围内应设置为车辆分流、汇流区。

6.6.9 场地内道路含贯穿车道、行车道、人行道及辅助道路。场地内道路应符合下列规定：

1 贯穿车道、行车道的计算行车速度，宜采用 15 km/h。

2 各功能区车辆出入口应设标志标示，设置位置及高度不应影响人、车辆的通行净空。

6.6.10 场内道路路面宽度，宜符合下列规定：

1 贯穿车道宽度宜为 9 ~ 13 m。

2 小型车行车道宽宜为 4.5 ~ 7 m，大型车行车道宽宜为 7 ~ 11 m。

3 辅助道路宽度宜为 4 ~ 4.5 m。

4 人行道宽度不应小于 1.5 m。

6.6.11 场地内道路最小圆曲线半径，应符合下列规定：

1 当行驶小型车时，不宜小于 9 m。

2 当行驶中、大型车时，不宜小于 15 m。

3 当行驶超长车时，不宜小于 20 m。

6.6.12 场地内道路交叉口路面内边缘最小转弯半径，应符合下列规定：

1 小型车最小转弯半径不小于 6 m。

2 中型车最小转弯半径不小于 9 m。

3 大型车最小转弯半径不小于 12 m。

4 超长车最小转弯半径不小于 18 m。

6.6.13 场地内道路在平面转弯处和纵断面变坡处的视距，应满足行车视距不小于 15 m，会车视距不小于 30 m，交叉口停车视距不小于 20 m。

6.6.14 场地内道路的纵坡最小值不得小于 0.3%，最大值不应大于表 6.6.14-1 的规定。横坡值应为 1.5%～2.5%。

表 6.6.14-1 场地内道路的纵坡最大值

类别	道路			
	贯穿车道	场地内行车道	辅助道路	人行道
最大纵坡/%	6	6	8	8

注 1：在海拔 3 000～4 000 m 的地区，场地内道路最大纵坡值应减去 1%；在海拔 4 000～5 000 m 的地区，场地内道路最大纵坡值应减去 2%。

注 2：当人行道纵坡大于 8%时，宜设置粗糙面层或踏步。在多雪严寒地区，人行道纵坡不应大于 4%，且应设置宜设置粗糙面层或踏步。

注 3：当车道纵坡>5%且坡长超过 800 m 时，需设置缓和段。缓和坡段的坡度不应大于 3%，长度不应小于 100 m。

6.6.15 尽端式行车道车道长度超过 35 m 时，应设置回车场；回车场应满足消防车回车场要求，且坡度不应大于 3%。

6.7 广　场

6.7.1 在停车场与建筑设施、绿地之间应设置广场和人行道。

6.7.2 停车场和建筑设施前面的广场不应有较大的高差，在停车场和各设施之间因地形有高差时，必须设置无障碍坡道。

6.7.3 在停车场外围行驶的主要通道应为单向通行；主要行车道不应直接连接到停车车位上，也不应直接导向综合楼的出入口处。

6.8 标志标线及标识

6.8.1 服务区应设置交通标志、标线及标识，标志标线应完善、简要、明了，并符合相关规定。

6.8.2 服务区应按 GB 5768.2《道路交通标志和标线 第 2 部分：道路交通标志》相关规定设置明确的导向标志、限速标志和停车区域标志，可结合导流岛、绿化隔离带设置，引导车辆分类、分区行驶和停放。

6.8.3 服务区内交通标志和信息设施，应按路网或路段互联共享的原则设置，并与主线设施联网系统设计、建设，动态服务信息应满足实时发布要求。

1 服务设施外部道路上应按相关标准设置标志标识，场地内应设置引导至各功能区的标志标识。

2 场地入口位置及场地内各功能区应设置引导类、

安全提示、警示类的清晰简洁标志标识。除交通信号标识外，出口位置不应设置分散驾驶员注意力的其他标志标牌。

3 场地内的标识牌应设置在视野开阔处，净空及视距应满足道路交通安全要求。

4 场地内人流集散处宜设置服务区信息标识板。

5 停车场区域应设置车型分区、行驶方向停车车位及编号等标志、标识、标线。

6.8.4 交通标线宜与交通标志配合使用。停车场应根据车型、车类，设置车位标线、文字标线、禁停标线等；车行道宜设置分车道标线、车行道边缘线和导向标线；通往休闲广场、餐厅、公共卫生间主要出入口的道路应设置人行横道标线。

6.8.5 综合楼前的休闲广场或绿地内宜设置交通路网图、服务区布局图、监督公示栏、企业文化宣传栏、人性化标识牌、广告位等设施。

6.8.6 综合楼室内公共部位宜设置顶棚悬挂式餐厅、公共卫生间、便利店等中英文对照指向牌；公共卫生间应设置男女厕、第三卫生间、无障碍厕位等标志和文明用厕宣传牌等。

6.9 景观绿化

6.9.1 景观设计宜与公路主线景观相结合。

6.9.2 景观设计应满足安全、美化、引导、隔离、遮阴、休憩、防尘、降噪等功能需求，还应符合适宜、经济要求。

6.9.3 对原有的名木古树及有价值的树木应予以保护、留存。

6.9.4 景观风格、色彩及尺度应与建筑物及周围环境相协调。

6.9.5 景观绿化布置宜考虑观赏与休憩造景相结合。

6.9.6 应结合建筑朝向、区内道路、地下构筑物、场地竖向布置、地下管线、交通流线、标志牌分布、司乘人员视线等，进行综合设计。

6.9.7 景观绿化布置应符合停车视距、视线及行车净空要求：

1 在安全视距范围内，灌木或小乔木高度不得高于 0.8 m，乔木分枝点不得低于 3.5 m。

2 在行车净空范围内，乔木枝下高度在小型汽车通行时不低于 2.5 m，中型汽车通行时不低于 4 m，载货汽车通行时不低于 5 m。

6.9.8 植物选择应以适合当地气候、土壤等自然环境条件的乡土树种为主，适地适树。宜选用观花、观叶、观果、香花植物，增加景观性，不宜选用名贵树种。

6.9.9 绿化配置宜乔木、灌木、地被植物相结合，速生树种与慢生树种相结合，常绿树种与落叶树种相结合。

其中常绿乔木覆盖率不应低于其绿地率的30%。

6.9.10 应保证各类植物的立地条件与生长空间。

6.9.11 景观要求较高的区域可采用庭园式园林绿化方式。

6.9.12 主服务楼绿化应注重景观性，突出建筑入口，保证视线通透。

6.9.13 住宿区绿化可选用香花和驱蚊植物。

6.9.14 停车场绿化应保证视线通透，植物栽植株距应满足大、中型客货车通行与停车要求。植物宜以庭荫乔木为主，搭配灌木和草本植物，满足遮阴功能。

6.9.15 出入口绿化应具有引导性和提示性，宜列植树形挺拔的乔木，诱导行车视线。

6.9.16 高速公路与沿线设施之间的隔离带宜采用遮蔽绿化，密植抗风、阻尘的高大乔木，出口处植物不应遮挡司乘人员视线。

6.9.17 加油站区域绿化不应选用油脂、毛絮植物，不应遮挡消防通道内行车视线，加油站与消防通道之间不宜种植绿篱或灌丛，加油站、加气站罐组防火堤内不应种植树木。

6.9.18 汽车维修、辅助设备用房等环境不良的区域宜采用遮蔽绿化，起到隔离的作用。

6.9.19 建筑周边绿化应考虑植物与建筑门窗的关

系，保证建筑通风、采光的要求，乔木种植点与建筑有窗立面的距离宜不小于 5 m。

6.9.20 行道树不宜选用落果树种。

6.9.21 服务区场地内的绿地率应符合下列规定：

1 中心服务区绿地率不应小于总用地的 20%。

2 普通服务区绿地率不应小于总用地的 15%。

3 停车区绿地率不应小于总用地的 10%。

6.9.22 宜在高速公路主线与场区之间采用绿地分隔带。服务区进出口和场地内设置的绿地不应遮挡行车视距。

6.9.23 绿地应根据需要配置灌溉设施，灌溉用水宜利用中水，中水水质应符合国家相关标准。

6.9.24 绿地的坡向、坡度应符合排水要求并与排水系统结合，防止绿地内积水和水土流失。

6.10 其他设施

6.10.1 室外公用设施设置应符合下列规定：

1 宜在靠近主要建筑物处设置休息、活动广场。广场地坪宜高于道路及停车场地。

2 停车场、主要建筑物出入口处应设置垃圾箱，垃圾箱平均间距不大于 100 m，场地内应设垃圾暂存点。

6.10.2 相邻台地间挡墙或护坡坡比大于 1 : 0.5，且高差大于 1.5 m 时，应在坡顶面加设防坠落安全防护措施。

6.10.3 宜在合适位置设置公用设施，同时应便于清洁、便于维护，其造型应有景观特色。

7 建筑设计

7.1 一般规定

7.1.1 服务区内建筑应满足车辆服务、人员服务及后勤配套需求,各部分功能及规模应与服务区等级相适应,并满足附录A要求。

7.1.2 服务区内建筑含综合服务楼、加油站、修理库、公共卫生间、员工宿舍及附属辅助用房。停车区内建筑含便利店、公共卫生间及附属辅助用房。

7.1.3 员工宿舍宜在服务区一侧设置。

7.1.4 综合服务楼以人员服务为主，综合服务楼应含餐饮、购物、公共休息、辅助用房、客房等功能，其内部功能组织应结合场地需求,因地制宜,按功能合理分区。宜分为公共厕所、综合服务、住宿、餐饮、购物、休息等,各分区之间应既分隔也便于联系和统一管理。

7.1.5 餐饮区设计应符合现行JGJ 64《饮食建筑设计标准》的相关规定。餐饮区宜设置清真餐饮功能。

7.1.6 公共休息区宜设置休息间、问询处、信息查询、电话、传真、信息发布屏、母婴休息间等设施。

7.1.7 辅助用房应满足下列要求:

1 办公区宜设置监控室。

2　中心服务区应设医务室，普通服务区可设医务室。

3　经营区域附近宜设置 24 h 开水点，开水点处设专用开水设备。

7.1.8　建筑空间布局和结构选型应具有适当的灵活性和通用性，能兼顾未来改建和扩建需求。

7.1.9　主要公共服务设施应进行无障碍设计，符合 GB 50763《无障碍设计规范》的规定。

7.2　建筑风格

7.2.1　服务区作为高速公路的形象窗口，建筑应突出云南景观风貌、提升地域可识别性，塑造地方整体形象和特色。

7.2.2　服务区建筑风格既应与整体风格统一，又能凸显地方特色。

7.2.3　服务综合楼的建筑空间应开放、外向，公共服务区域应尽量避免形成狭小封闭空间。

7.2.4　建筑装饰、装修应简约化、功能化、轻量化，并宜与建筑、结构、设备进行一体化设计。

7.2.5　服务区建筑外立面宜结合标识、招牌等功能进行简单的夜景照明装饰，以保证夜间效果。

7.3 车辆维修站及洗车场

7.3.1 汽车维修站应满足各种车辆出入、停放、检修需求，应设置材料库、备件库、工具间等。

7.3.2 开间宜为 4 ~ 4.5 m，进深宜为 6 ~ 9 m，净高不应低于 5.5 m。

7.3.3 洗车场宜与修理所相邻设置，应采用高压水枪人工洗车方式。对于车流量较大的服务区，可设置自动洗车机。车辆冲洗废水应全部收集并进行沉淀、滤渣、隔油后方可排放至污水处理设施，达到排放标准后才可外排。

7.3.4 汽车维修站、洗车场应符合 GB 50067《汽车库、修车库、停车场设计防火规范》的规定。

7.3.5 修理间的大车修车位不宜少于 2 个。

7.4 加油（加气、充电）站

7.4.1 加油站包括加油罩棚、便利店、油罐区及附属用房，加油站设计应符合 GB 50156《汽车加油加气站设计与施工规范》和 GB 50461《石油化工静设备安装工程施工质量验收规范》的有关规定。

7.4.2 加油站内宜按油品类型划分不同的加油区域，加油站罩棚净高应大于等于 5.5 m，加油站车道数、加油机数量宜按表 7.4.2-1 取值。

表 7.4.2-1 加油站车道数、加油机数量表

类型	车道数	预测交通量/（万辆/d）	加油站车道数/（条/座）		加油机台数/（台/座）	
			大车	小车	大车	小车
中心服务区	四	2.5 ~ 5.5	6 ~ 8	4 ~ 6	12 ~ 16	8 ~ 12
	六	4.5 ~ 8.0	8 ~ 10	6 ~ 8	16 ~ 20	12 ~ 16
普通服务区	四	2.5 ~ 5.5	4 ~ 5	2 ~ 4	8 ~ 12	4 ~ 8
	六	4.5 ~ 8.0	6 ~ 8	4 ~ 6	12 ~ 16	8 ~ 12

注：本表所列规模为单座加油站的规模。

7.4.3 LNG 汽车加气站设计应符合 GB 50156《汽车加油加气站设计与施工规范》、NB/T 1001《液化天然气（LNG）汽车加气站技术规范》的有关规定。

7.4.4 电动汽车充电站设计应符合 GB 50966《电动汽车充电站设计规范》、GB/T 51077—2015《电动汽车电池更换站设计规范》的有关规定。

7.4.5 加油（气）站宜设置于服务区出口侧。

7.4.6 加油（气）站应有良好通视条件。

7.4.7 当柴、汽加油棚分设时，应在进入加油站前的客货停车区之间设置连接车道。

7.5 公共卫生间

7.5.1 公共卫生间设计应考虑节假高峰人流和平时人流的使用需求。

7.5.2 公共卫生间应根据服务区整体布局设置，选择相对独立明显的位置，并与其他使用功能保持一定卫生间距。

7.5.3 公共卫生间的设计宜符合 CJJ 14《城市公共厕所设计标准》的有关规定。

7.5.4 公共卫生间设计应符合下列要求：

1 应以人为本，符合文明、卫生、适用、方便、节水、防臭的原则。

2 平面设计应合理布置卫生洁具和洁具的使用空间，并应充分考虑无障碍通道和无障碍设施的配置。

3 应设置男、女厕所和盥洗室、第三卫生间、工具间等。

4 顶棚、地面、墙面构造应防积灰、防潮、防滑。

5 盥洗区宜与如厕区分室设置。

7.5.5 公共卫生间的设施应符合下列要求：

1 应设置第三卫生间，其使用面积不应小于 6.5 m^2，内部设施应包括成人坐便器、成人洗脸盆、儿童坐便器、儿童洗手盆、儿童安全座椅、多功能台、安全抓杆、挂衣钩、呼叫器等。第三卫生间应满足无障碍使用需求，可兼作无障碍卫生间使用。

2 除第三卫生间外，男、女厕内宜按不少于 1/8 的大便厕位比例设置坐便厕位，并设置安全抓杆。

3 男卫生间内应设置儿童小便器，小便器距离地面不超过 300 mm。

4 男、女盥洗室内均应设置高度 500 ~ 550 mm 的儿童盥洗池。

5 厕位之间应设隔板，大便厕位应设牢固、耐腐蚀的挂物钩，男厕小便厕位应设置物台，并宜设置烟灰缸。

6 厕位应采用自动冲水设施，并满足节水要求。

7 宜在每个臭气源附近设置负压排风口，主动降低臭气扩散。

7.5.6 服务区公共卫生间设计应考虑重点节假日的应急方案，宜设置潮汐厕所。潮汐厕所应提高女厕厕位比例，可采用无性别厕所的方式设置。

7.6 综合服务台

7.6.1 综合服务台应设置在主要人流集散点或主要人流行动线旁。

7.6.2 综合服务台应具备问询、信息查询、信息发布、电话、广播、失物招领等基本服务，宜提供雨伞、轮椅、针线包等租借服务，宜根据需求提供旅游接待、票务、ETC 办理等拓展服务。

7.6.3 未设置医务室的服务区，应在综合服务台提供基础医疗服务，储备常用药品和急救器材。

7.7 住 宿

7.7.1 服务区应提供应急住宿，可采用钟点房、单人间、双人间或胶囊睡眠舱等形式，并应至少设置一间无障碍客房。

7.7.2 客房设计应符合 JGJ 62《旅馆建筑设计规范》的规定。

7.7.3 客房宜布置在相对安静区域；当靠近停车场布置时，应采取隔音、防噪措施。

7.7.4 位于车流量较大的高速公路或名胜风景地附近的服务区，宜适当增加客房数量。

7.8 餐 饮

7.8.1 餐饮区宜同时采用自助餐、快餐、轻饮、小吃等种业态形式。

7.8.2 用餐区域和后勤部分规模应协调，厨房及食品库房面积之和与用餐区域面积的之比宜符合表 7.8.2-1 规定。

表 7.8.2-1 餐饮区建筑面积

分类	规模	餐位数	用餐区面积/m^2	厨房及食品库房面积/m^2
餐馆	小型	<75	≤100	≥用餐区面积×50%
	中型	75~250	100~350	≥用餐区面积×45%
	大型	≥250	≥350	≥用餐区面积×40%
快餐、轻饮	小型	<75	≤120	≥用餐区面积×40%
	大型	≥75	≥120	≥用餐区面积×35%

7.8.3 餐厅设计应符合 JGJ 64《饮食建筑设计标准》规定，并满足以下要求：

1 主入口应面向人流主要方向，餐厅外围应无视线遮挡。

2 宜采用开放式设计，同时满足多种业态用餐需求。

3 净高不宜低于 3 m，不应低于 2.6 m，异形顶棚的餐厅最低处不应低于 2.4 m。

4 应具备良好采光、通风。天然采光时，窗洞口面积不宜小于该厅地面面积的 1/6；自然通风时，通风开口面积不应小于该厅地面面积的 1/16。

5 内墙面、顶棚宜色彩明亮，选用的材料和构造处理应考虑不易积灰，便于清洁。地面应采用耐磨、耐腐蚀、防滑的材料面层。

6 应符合无障碍通行需求，中心服务区餐厅应设置无障碍餐位和婴幼儿餐位等特种餐位，普通服务区和停车区宜设置特种餐位。

7.8.4 厨房区设计应符合 JGJ 64《饮食建筑设计标准》规定，并满足以下要求：

1 宜设置工作人员更衣室，更衣室应男女分设。有条件时，设置专用卫生间及淋浴间。

2 应采取措施防止厨房（或饮食制作间）的油烟、废气、噪声及废弃物等对其他功能设施的影响。

3 应打造“明厨亮灶”，对食品原料储存、原料清洗和切配、烹饪加工、凉菜等专间操作、餐具清洗消毒、食品留样等食品安全关键环节进行展示，实现后厨“阳光操作”。可采取以下两种方式：

1）透明厨房。采取透明玻璃窗（或玻璃幕墙）、矮墙等方式，能直接观看餐饮食品加工制作过程。玻璃墙面应光洁通透，并符合玻璃幕墙安全防护要求及防火要求。

2）视频厨房。在食品加工等制作场所安装摄像设备，通过食品传输技术和显示屏，使消费者在就餐场所能够观看餐饮食品加工制作过程。摄像机应采用高清摄像机，视频存储不少于 30 d；餐厅的显示器应安装在显著位置，通过多画面展示，显示器屏幕尺寸不小于 50 in（1 in = 2.54 cm）。

7.9 购　物

7.9.1 综合超市、便利店、特产店等商业用房设计应符合 JGJ 48《商店建筑设计规范》的规定。

7.9.2 服务区及停车区必须设置 24 h 便利店或超市。

7.9.3 超市应设仓库，宜设置单独的进货通道，且宜有直通车道方便货物运输。

7.10 休息

7.10.1 服务区、停车区均应设置免费休息区，可结合广场、连廊、门厅、通道等公共区域布置。

7.10.2 免费休息区面积按服务区高峰时段小时人流量计算，不宜低于 0.2 m^2/人。其中，室内休息区不宜低于 0.1 m^2/人。

7.10.3 免费休息区应设置免费休息座椅，按服务区高峰时段小时人流量计算，座椅数量不宜低于 0.2 座/人。

7.10.4 休息区应满足无障碍通行条件。

7.10.5 休息区宜临近开水、充电、信息发布等公共服务。

7.10.6 中心服务区应设置私密性较好的司机休息室，免费提供沙发、开水等基础服务。

7.11 其他服务

7.11.1 服务区应设母婴室，遵循“便捷、安全、卫生、私密”的总体原则，并满足下列要求：

1 房间面积不应小于 10 m^2，装修后室内净高不应小于 2.6 m。

2 内部宜按哺乳区、护理区和休憩区进行功能划分。

3 护理区应设置婴儿护理台、成人洗手池、婴儿安全座椅等设施。

4 宜设置温度、湿度调节及空气净化装置。

5 应满足无障碍通行需求。

7.11.2 服务区应设儿童活动区，并满足下列要求：

1 应具备良好的采光通风。

2 应有无死角的视频监控覆盖。

3 宜利用建筑物周边灰空间，但应设置围护设施，并与设备用房、车行道路等保持足够安全距离。

7.11.3 服务区宜在货车停车场附近设置“司机之家”，面向货车司机专项设置卫生间、淋浴、盥洗池、开水、桌椅等基础服务设施。“司机之家”设计应符合《“司机之家”建设指南》（交办运函〔2019〕552号）等相关文件规定。

7.11.4 服务区宜提供商务会务服务，设置综合性会议中心、小型会议室等。

7.11.5 中心服务区宜设独立医务室，应符合GB 51039《综合医院建筑设计规范》的规定，并满足以下要求：

1 医务室面积宜为60 m^2，并身兼急救站功能。其设备配置应保证事故发生后，能迅速赶到事故现场，并为伤员提供必要急救处理。

2 医务室的布设应与邻近的120急救中心相联合。

7.12 后勤配套

7.12.1 服务区应按营运需求设置后勤配套区。一对服务区可集中设置一处后勤配套区，并满足后勤办公和生活两大功能。

7.12.2 后勤办公区应包含办公室、会议室、监控室、接待室等功能。

7.12.3 后勤生活区应包含职工宿舍、洗衣间、淋浴间、职工活动室等功能。规模较大的生活区宜独立设置员工食堂。

7.12.4 后勤管理区与服务区综合楼合并建设时，宜独立设置后勤出入口。

7.12.5 办公区的设计应符合 JGJ 67《办公建筑设计规范》的规定。

7.12.6 生活区的设计应符合 JGJ 36《宿舍建筑设计规范》的规定。

8 建筑设备

8.1 给水排水设施

8.1.1 服务区内给水排水设计应按照国家、行业及地方现行相关标准、规范、规定及工程建设标准强制性条文（房屋建筑部分）执行。

8.1.2 应充分调查水源，进行技术经济比较，确定合理的供水方式。宜按市政自来水、山泉水、地下水的顺序选择水源。采用地表水或地下水时，应采取合理的处理方式使水质达到 GB 5749《生活饮用水卫生标准》的要求。

8.1.3 室外给水系统应尽量利用市政给水管网的压力直接供水。当市政给水管网的压力、水量不足时，应设置储水调节和加压装置。

1 根据服务区地形、地质情况，有条件的应首先利用地势设置高位水池供水。

2 采用变频恒压变量供水系统时，泵房宜靠近用水量大的建筑设施。

3 生活水池储水量宜按 1 d 最高日用水量计算，应设置水消毒处理设备。

8.1.4 服务区内设置大型车辆加水设施应符合下列要求：

1 应设置储水池，储水量宜按 1～2 d 最高日加水用水量计算，可与消防水池共用，但必须设置消防用水不被动用措施。

2 每个加水龙头应设置水表，加水管出水管径宜为DN25。

8.1.5 两侧服务区的给水设计宜分别考虑。非饮用水管道不得与饮用水管道相连，并应有明显标志。

8.1.6 服务区用水量应包括工作人员生活用水量、公共建筑和服务设施（公共厕所、餐厅、客房、洗车场、汽车加水和修理所等）用水量、消防用水量、浇洒道路和绿化用水量等4个部分。各部分的用水量可按以下方法确定。

1 汽车冲洗用水量根据不同的冲洗方式可按表8.1.6-1确定。

表 8.1.6-1 汽车冲洗用水量一览表 单位：L/（辆·次）

冲洗方式	软管冲洗	高压水枪冲洗	循环用水冲洗	抹车
小客车	150～200	30～40	10～20	10～15
大客车	300～400	60～80	30～40	15～20
货车	300～400	60～80	30～40	—

2 道路与绿化浇洒次数可按每日一次考虑，浇洒道路用水量可按 2～3 L/（m^2·次）计算，绿化用水量可按1.5～2 L/（m^2·次）计算。

3 公共卫生间用水量应包括卫生器具用水和地面冲

洗用水。卫生器具用水量可按卫生器具的同时出流数为60%计算，地面冲洗用水可按每日冲洗3次、3～5 L/（m^2·次）计算。

4 其余建筑用水量应按GB 50015《建筑给水排水设计规范》确定。

8.1.7 生活热水供应的热源应优先采用太阳能、地热等；在气象条件适合采用空气源热源的地区，可采取太阳能、空气源热泵联合制备热水。

8.1.8 宜为驾乘人员提供洗漱热水。公共场所的卫生间蹲式大便器宜采用水箱式或脚踏式冲便器，小便器宜采用感应式冲洗阀，洗脸盆宜采用延时自闭式或感应式水嘴。卫生器具、水嘴、淋浴器等应符合CJ/T 164《节水型生活用水器具》的规定。

8.1.9 卫生器具给水配件处的静水压最高不宜超过0.35 MPa，超过时应考虑设减压装置。

8.1.10 采用非饮用水做冲洗和浇洒等用水时，应有明显的标注，非饮用水管道不得与饮用水管道相连。

8.1.11 服务区消防给水设计，应符合GB 50016《建筑设计防火规范》、GB 50974《消防给水及消火栓系统技术规范》及GB 50067《汽车库、修车库、停车场设计防火规范》的规定。

8.1.12 应急蓄水设施是确保服务区公共卫生间正常使用的应急保障设施。应急蓄水设施只负责服务区公共卫生间停水后的应急供水。

8.1.13 应急蓄水设施要根据服务区公共卫生间的小便厕位、大便厕位、无障碍厕位、盥洗盆设置规模以及使用频次合理确定蓄水容量、规范设置。

8.1.14 服务区必须设置应急蓄水设施，保证应急蓄水容量随时达到最高值，满足 48 h 的应急供水。

8.1.15 服务区应设置室外消防给水系统。在停车场周边布置室外消火栓时，其距离最近一排汽车不宜小于 7 m，距加油站或油库不宜小于 15 m。室外消火栓布置间距不宜大于 80 m，并配置 40 m 长 DN65 水带 2 条、ϕ19 水枪 2 支。在场地出入口附近应设置室外消火栓。

8.1.16 建筑面积大于 200 m^2 的公众聚集场所应设置消防软管卷盘或轻便消防水龙，其间距应保证有一股水流能到达室内地面任何部位，其消防用水量可不计入消防用水总量。

8.1.17 两侧服务区排水宜设计成独立系统，应合理利用场区地势，确定排水管网流向和污水处理设施位置。

8.1.18 服务区内化粪池宜埋地敷设，宜布置在绿化带下，具体可参照国家现行相关标准图集，其有效容积可加大一到两级。

8.1.19 服务区内污水与雨水，以及含油与不含油污水，应采用分流制排放。各类污、废水汇集后应经污、废水处理设施处理达标后方可排放。

1 厨房污水、生活污水、汽车废水必须分别经过隔油池、化粪池、汽车沉淀池局部处理，再经污水处理设备（构筑物）处理达到标准后方可外排。

2 服务区内汽车维修库、加油加气站的排水设计应符合 GB 50156《汽车加油加气站设计与施工规范》的规定。场区雨水、污水（独立的生活污水除外）排水系统末端应设置水封井。

3 服务区宜建设中水回用系统。

4 建（构）筑物占地与路面硬化面积之和在 1 500 m^2 以上的服务区、停车区，宜设置雨水利用设施。

8.1.20 牲畜运输车位、危化品车辆、车辆维修场地的排水应单独收集处理。

8.2 电气设施

8.2.1 服务区内电气设计应按照国家、行业及地方现行相关标准、规范、规定及工程建设标准强制性条文（房屋建筑部分）执行。

8.2.2 服务区用电负荷等级应符合下列规定：

1 厨房、餐厅、超市、公共卫生间、监控室、消防设备按二级负荷供电。

2 加油站、变配电房、水泵房、地下通道、维修库、室外照明、污水处理按二级负荷供电。

8.2.3 服务区内应设置节能型变压器，配电变压器长期运行负载率不宜大于 80%。供电半径不宜大于 200 m。方案设计阶段确定计算负荷时，可采用建筑物单位面积指标法估算。各服务设施的用电负荷指标宜按表 8.2.3-1 确定。

表 8.2.3-1 服务区设施用电负荷一览表

服务设施		用电指标/（W/m^2）
综合楼	公共厕所，走廊	8～10
	餐　厅	40～60（设备另计）
	厨　房	100～150
	休息室	40～60
	超　市	100～120
	客　房	80～90
辅助用房	水泵房	20～30（设备另计）
	变配电室	20～30（设备另计）
	垃圾处理房	20～30（设备另计）
	员工宿舍	50～60
车辆维修	汽车维修站	50～80（设备另计）
加油站		单侧预留 50 kW

注：表中数值按分体空调考虑，当采用中央空调时，用电指标相应增加 15～20 W/m^2。

8.2.4 服务设施内各功能用房的用电，应按使用功能要求，从总配电柜（箱）分开回路引出。各功能用房配电箱宜预留计量电表安装位置。末级配电箱供电半径不宜超过 50 m。

8.2.5 一般配电线路宜暗敷，导线管及配线槽应采用非燃烧材料。消防配电线路应满足火灾时连续供电的需要，其敷设应符合下列规定：

1 应穿管并敷设在不燃烧体结构内，保护层厚度不应小于 30 mm。明敷时（包括敷设在吊顶内），应采用金属管或封闭式金属线槽，并应采取防火保护措施。

2 当采用阻燃或耐火电缆，敷设在电缆井、电缆沟内时，可不穿金属导管或采用封闭式金属槽盒保护。

3 当采用矿物质绝缘类不燃性电缆时，可直接明敷。

4 消防配电线路宜与其他配电线路分开敷设在不同的电缆井、沟内；确有困难需敷设在同一电缆井、沟内时，应分别布置在电缆井、沟的两侧，且消防配电线路应采用矿物绝缘类不燃性电缆。

8.2.6 服务区内的照明光源及控制应符合下列要求：

1 室内外照明不应采用普通白炽灯。

2 室内照明宜采用高效节能灯具，功率因数不低于 0.9。

3 室外照明宜优先选用 LED 光源、风光互补供电。

4 电气照明应分区、分时、分对象进行控制。室外场地、道路、停车场、绿化庭院照明等宜采用时控、光控、程控、间隔分组的控制方式。

8.2.7 服务区选用的照明光源除应符合国家现行相关标准的有关规定外，还应满足下列要求：

1 室内光源的选择应与建筑物的形式、室内装修的色彩及风格相协调，宜采用 LED 节能、无眩光的灯具。

2 室外广场宜采用中杆灯、低杆灯作为主要照明，宜采用 LED 节能光源。当广场照明采用高杆灯照明时，灯杆高度不宜超过 30 m，并宜设置升降检修装置，设置于匝道中的路灯高度不宜超过 9 m，且应设置防眩措施。

3 当照度低于 100 lx 时，宜采用色温较低的光源；当照度为 100～1 000 lx 时，宜采用中色温光源；当电气照明需要同天然采光结合时，宜选用光源色温为 4 500～6 000 K 的节能灯或其他气体放电光源，色温偏差不应大于 500 K。光源的一般显色指数不应低于 65，要求较高的场所不应低于 80。

8.2.8 服务设施内照度标准及照明功率密度值应符合现行 GB 50034《建筑照明设计标准》的规定。此外还应满足表 8.2.8-1 中的要求。

表 8.2.8-1 各处服务设施的照度标准值、照明功率密度值

服务设施	参考平面及其高度	照度标准值/lx	照明功率密度值/（W/m^2）
餐 厅	0.75 m 水平面	200	13
厨 房	台 面	200	13
休息室	地 面	200	11
超 市	地 面	300	13
客 房	0.75 m 水平面	75	7
监控室	0.75 m 水平面	300	18
水泵房	地 面	100	5
变配电室	0.75 m 水平面	200	8
员工宿舍	0.75 m 水平面	150	8
维修库	地 面	200	8

注：火灾应急疏散照明的最低照度应满足现行 GB 50016《建筑设计防火规范》的规定。

8.2.9 综合楼内的疏散走道、楼梯间等公共空间应设置应急疏散照明，并应符合消防应急灯具 GB 17945《消防应急照明和疏散指示系统》及 GB 51309《消防应急照明和疏散指示系统技术标准》中相关规定。

8.2.10 服务区内的辅助用房、车辆维修保养用房、加油站、综合服务楼的休息室、餐厅、厨房、超市、客房等各处用电应按使用功能要求设置独立配电回路控制。

8.2.11 综合服务楼内的有线电话、互联网、数字电视等弱电设计应满足 GB 50311《综合布线系统工程设计规范》的要求。

8.2.12 服务区的防雷与接地设计除应符合 GB 50057《建筑物防雷设计规范》和 GB 50343《建筑物电子信息系统防雷技术规范》的规定外，还应符合以下要求：

1 监控设备进线处设置浪涌保护器以防电磁脉冲侵入。

2 监控机房的静电地板应与整栋建筑的防雷接地系统联通，且搭接处不应少于 2 点。

3 接地电阻实测达不到 1 Ω 的建筑物应与其他建筑物可靠联通，确保联合接地体接地电阻小于 1 Ω。

4 设备用房、用水设备多且环境潮湿的房间应做局部等电位联结，应符合 15D502《等电位联结安装》的要求。

8.2.13 服务区设充电站时，充电桩不宜少于 4 根，充电站设计应符合以下规定：

1 用电设备容量在 160 kV·A 以上时，应设置 10 kV 专用变压器供电。

2 交流充电桩应采用380/220 V电压等级供电。

3 直流充电桩应采用380 V三相五线制供电。

4 向充电桩供电的低压断路器宜带有分励脱扣器附件，且供电箱体上应设置机械式紧急断电按钮。

5 成组布置的交流充电桩宜采用链式供电。

6 直流充电桩宜采用放射式供电。

7 充电站边上应设置灭火器及消防沙坑。

8 充电站及充电桩应进行标示，尽量在服务区内便于识别。

9 充电桩应设置计量和收费系统。

8.3 暖通设施

8.3.1 服务区内采暖、通风、空调及节能设计应按国家、行业及地方现行相关标准、规范、规定及工程建设标准强制性条文（房屋建筑部分）执行。

8.3.2 服务区的建筑热工设计分区应按照 DBJ 53 T-39《云南省民用建筑节能设计标准》确定。应按所属分区的规范要求进行采暖、通风、空调及节能设计。

8.3.3 服务区的采暖、通风、空调及节能应从总体规划、建筑设计、工艺等方面采取有效的综合预防和治理措施。

8.3.4 应首先考虑采用自然通风消除服区内建筑物余热、余湿和进行室内污染物控制。

8.3.5 服务区的建筑通风设计应符合国家现行关于室内空气质量的相关标准。

8.3.6 服务区的通风系统设计应符合 GB 50736《民用建筑供暖通风与空气调节设计规范》的要求，且进排风系统应符合下列要求：

1 进风口应设置在室外空气清新、洁净的位置。

2 废气排放不应设置在有人停留或通行的地带。

3 客房内卫生间应保持负压。

4 通风机房不宜与有噪声限制的房间相邻布置。

5 卫生间的门的下方宜设进风固定百叶，或留有进风缝隙。

8.3.7 公共卫生间应设机械排风系统，其换气次数不应小于 10 次/h。有条件的公共卫生间宜设置厕位通风系统。

8.3.8 服务区的厨房通风设计除应符合国家现行室内空气质量相关标准的要求外，还应符合以下要求：

1 厨房应保持负压。

2 厨房的通风开口有效面积不应小于该房间地板面积的 1/10，并不得小于 0.6 m^2。

3 厨房餐饮油烟应经过高效净化设备处理达标后排放。

4 厨房的门的下方宜设进风固定百叶，或留有进风缝隙。

8.3.9 室内休息场所、餐饮区、购物区应尽量采用自然通风方式；当自然通风达不到要求时，可采用机械通风或自然与机械通风相结合的通风方式，其通风量不应小于 20 m^3/（人·h）。

8.3.10 服务区内各空间应按照 GB 50016《建筑设计防火规范》和 GB 51251《建筑防烟排烟系统技术标准》设计防排烟系统，并优先采用自然防烟排烟方式。

8.3.11 服务区的室内休息场所、餐饮区、购物区应设置集中式空调系统。一般用房宜设置分体空调。

8.3.12 服务区中央空调系统的设置应符合下列要求：

1 服务区综合楼门厅出入口宜采用冷、热风空气幕。

2 宜采用冷暖两用的变频空调或其他高效节能的空调系统。

3 新风量应按 GB 50736《民用建筑供暖通风与空气调节设计规范》设计取值，新风系统的管道应选用不燃材料。

4 室内计算温度，冬季宜为 16 ~ 18 °C，相对湿度宜为 30% ~ 60%；夏季宜为 26 ~ 28 °C，相对湿度宜为 40% ~ 65%。

5 应采用节能环保措施，满足 GB 50189《公共建筑节能设计标准》有关规定。

9 智慧服务区

9.1 一般规定

9.1.1 服务区信息化智能化设施是高速公路机电系统的重要组成部分，宜与高速公路主线机电系统联网运行。

9.1.2 高速公路智慧服务区建设应遵循“信息共享、数据挖掘、动态分析、行业监管、品质服务”的原则。

9.1.3 高速公路服务区运营管理单位宜充分运用数字化手段实现服务区连锁化经营，提升服务区品质，打造服务区品牌。

9.2 服务层次及管理架构

9.2.1 高速公路智慧服务区的服务层次参考模型见表 9.2.1-1。

表 9.2.1-1 高速公路智慧服务区的服务层次参考模型

服务领域	服 务
1 服务区运营管理	1.1 服务区动态信息监测
	1.2 基础服务设施管理
	1.3 服务区节能减排管理
	1.4 停车管理
	1.5 交通管理

续表

服务领域	服　务
1　服务区运营管理	1.6　事件管理
	1.7　服务考评和监管
2　服务区经营管理	2.1　在线商城管理
	2.2　经营管理分析
	2.3　市场营销
	2.4　服务区宣传
3　便捷支付服务	3.1　移动支付
	3.2　ETC
4　信息服务	4.1　高速公路运行信息
	4.2　服务区运行信息
	4.3　周边景区信息
	4.4　网上预订服务
	4.5　网上商城服务
	4.6　“一键求助”服务
	4.7　其他增值信息服务
5　出行服务	5.1　换乘中转服务
	5.2　网络服务
	5.3　移动智能终端充电服务
	5.4　新能源汽车充（换）电服务
	5.5　智能停车诱导服务
	5.6　多功能自助终端服务
	5.7　如厕、休息、餐饮、住宿、购物、娱乐休闲服务
	5.8　车辆加油（气）、维修、保养服务

续表

服务领域	服　务
5　出行服务	5.9　货车服务
	5.10 服务区导向服务
	5.11 其他服务
6　大数据管理	6.1　数据采集与接入
	6.2　数据存储
	6.3　数据处理
	6.4　数据共享与交换
	6.5　数据应用
	6.6　信息安全

9.2.2　高速公路服务区管理架构包括省厅、云南建设基础设施投资股份有限公司、高速公路运营公司和服务区本地管理站三级，如图 9.2.2-1 所示。

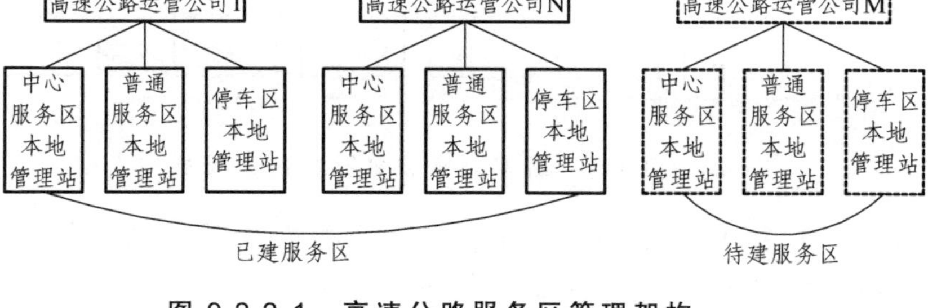

图 9.2.2-1　高速公路服务区管理架构

9.2.3 省厅负责全省高速公路智慧服务区建设的指导和服务监督管理工作；云南建设基础设施投资股份有限公司路网管理中心具体负责全公司所辖服务区的监督管理工作；高速公路运营公司负责路段范围内所辖服务区的建设、管理、维护工作；服务区本地管理站负责本服务区内具体事务管理工作。

9.3 逻辑架构

9.3.1 高速公路智慧服务逻辑架构架包括感知层、网络层、数据层和应用层四层，如图 9.3.1-1 所示。

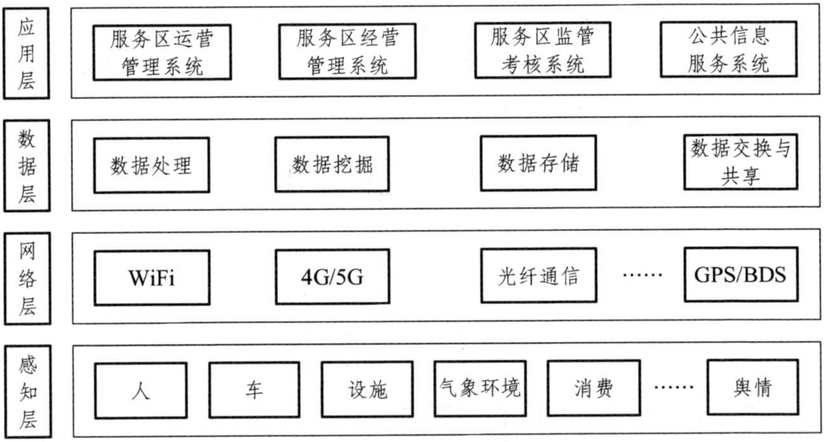

图 9.3.1-1 高速公路智慧服务区逻辑架构

9.3.2 感知层是构建高速公路智慧服务区全景信息环境的基础。主要感知手段包括人流检测系统、车辆检测系统、高清卡口系统、视频监视系统、气象环境检测系统、用户众包（UGC）等，用以实现对服务区的人流、车流、设施状态、气象环境、突发事件、资源消耗、消费、舆情等动态信息进行全息感知。

9.3.3 网络层包括 WiFi、4G/5G、光纤通信等通信传输设施，负责将感知层获取的原始数据传输至服务区综合管理平台（云端），获取应用层提供的各种服务信息，实现用户端接入互联网等，完成服务区基础设施与云端、人与云端之间的信息交互。

9.3.4 数据层引入云计算、大数据技术，实现对服务区多源异构数据进行处理、融合、挖掘、存储等，构建基础数据库、业务数据库和主题数据库，为应用层提供标准的数据支持。

9.3.5 应用层围绕服务区管理、经营、服务三大业务，构建服务区综合管理平台（云端），包含运营管理、经营管理、监管考核和公共信息服务等业务子系统。

9.4 物理架构

9.4.1 持续优化完善高速公路服务区信息化智能化基础设施，深度整合服务区数据资源，以全省“交通一张图”为基础，依托云南省服务区智慧监管服务平台，实现与“一部手机游云南”平台对接，整体提高服务区监管和信息服务水平，如图 9.4.1-1 所示。

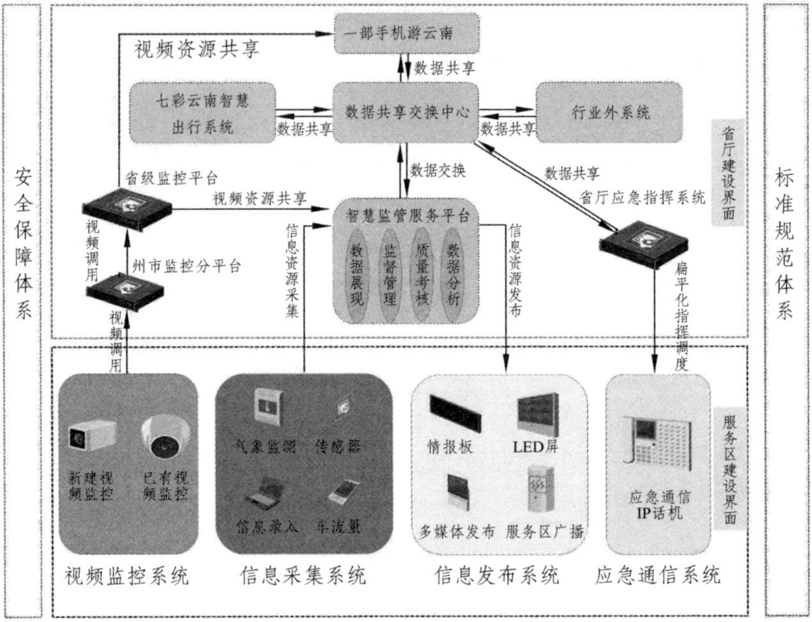

图 9.4.1-1 高速公路智慧服务区物理架构

9. 4. 2 将服务区打造为高速公路信息服务的重要窗口，同时通过与“一部手机游云南”平台、12328 交通运输服务监督系统、高速公路交通广播和互联网地图商 APP 的数据共享和业务协同，建立多样化的高速公路出行信息服务体系，面向社会公众提供准确、全面的交通和旅游信息。

9.5 监控设施

9.5.1 服务区出入口匝道应设置高清卡口设施及视频监控设施，监控车辆进入和驶出服务区的情况，并能获取车辆牌照及车流量、车型等信息。电子卡口设备应符合 GA/T 497《道路车辆智能监测记录系统通用技术条件》的规定，补光设备应符合 GA/T 1202《交通技术监控成像补光装置通用技术条件》的规定。

9.5.2 服务区广场、加油（气）站、充（换）电站、综合服务楼公共区域应设置摄像机实现室内外视频监视全覆盖、无死角、无盲区，摄像机宜具备红外及夜视功能。服务区广场宜采用 AR 全景监控设施。视频监视点位布设示例如图 9.5.2-1 所示。

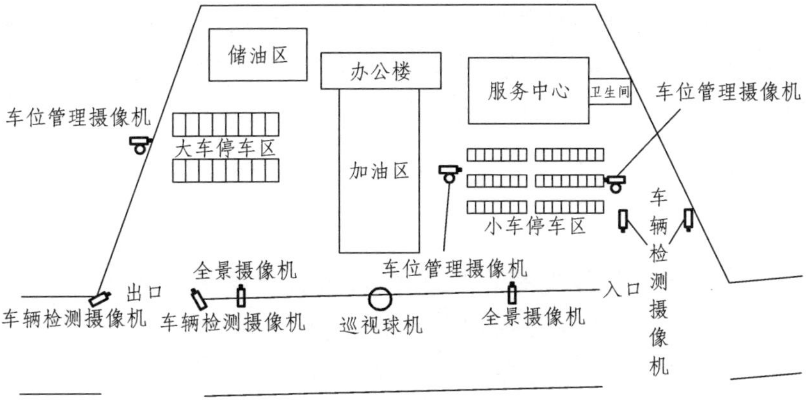

（a）综合楼后置型服务区

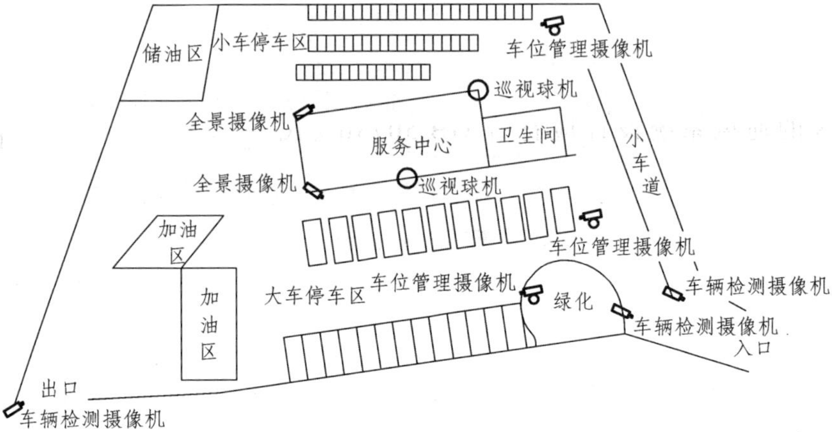

（b）综合楼中置型服务区

图 9.5.2-1　高速公路服务区视频监视点位布设示例

9.5.3　视频监视设备必须符合《云南省交通运输行业视频监控建设指南（试行）》（云交信息〔2016〕792 号）相关规定，兼具 GB/T 28181《公共安全视频监控联网系统信息传输、交换、控制技术要求》、ONVIF 等行业通用协议，以实现视频资源共享。

9.5.4　服务区视频图像应接入高速公路主线视频监视平台。

9.5.5　视频监控设施采集图像的分辨率不低于（352×288）ppi，图像监视或回放显示清晰、稳定；具有信号丢失报警功能，监控室能对前端视频信号进行检测。

9.5.6　视频图像应至少保存 30 d，车流量数据至少保存 1 年。

9.5.7 服务区应设置监控室，建筑面积应不小于 20 m^2，且宜靠近管理办公室，并符合《高速公路监控技术要求》(交通运输部 2012 年第 3 号公告）的相关规定。监控室应做等电位连接，设置等电位连接端子箱；机房设计应符合 GB 50174《数据中心设计规范》的相关规定。

9.5.8 服务区入口和出口位置应设置诱导灯。

9.6 感知设施

9.6.1 可设置客流监测系统,人流量数据至少保存 1 年。

9.6.2 服务区综合服务楼应设置火灾自动报警设施，餐厅宜设置温度湿度传感器。

9.6.3 服务区广场可设置气象环境监测设施，公共卫生间宜设置臭气浓度传感器。

9.6.4 服务区给水管道宜设置智能水压传感器。

9.6.5 服务区供配电系统应设置电力监控设施。

9.6.6 中心服务区宜设置能耗监测管理系统。

9.7 通信设施

9.7.1 已建有高速公路光纤通信网的服务区，应通过高速公路光纤网进行数据和信息接入，信息和数据可汇集至对应的路段中心，然后再上传至省级平台。

9.7.2 未建设高速公路光纤通信网的服务区，可考虑采用租用通信运营商线路的方式实现服务区网络互联，为各项业务应用提供网络基础支撑。

9.7.3 中心服务区及普通服务区行业专网带宽要求最低为 50 M，停车区带宽要求最低为 20 M。

9.7.4 服务区应建设 WiFi 网络，并确保无线信号覆盖整个服务区（加油站除外），为高速公路运营管理部门、服务区经营单位及广大出行者提供无线通信服务。中心服务区出口带宽达到 100 M，普通服务区达到 50 M，停车区达到 20 M。高速公路运营管理部门可通过与通信运营商合作，通过购买服务的方式，由通信运营商提供服务区 WiFi 网络建设和运营保障。

9.7.5 各服务区值班室应部署 IP 电话，满足省厅、运营管理部门应急指挥通信的要求，服务区动态信息应能与省厅应急指挥平台联动，为应急指挥提供决策支持信息。

9.8 信息安全

9.8.1 高速公路行业专网网络安全须满足《中华人民共和国网络安全法》和 GB/T 22239《信息安全技术 网络安全等级保护基本要求》相关要求。省、州（市）、服务区网络边界、行业专网与路政支（大）队互联边界，应通过安全设备实现安全域的划分，安全域数据互通须具备安全访问控制、病毒攻击过滤的能力。高速公路服务区信息安全架构如图 9.8.1-1 所示。

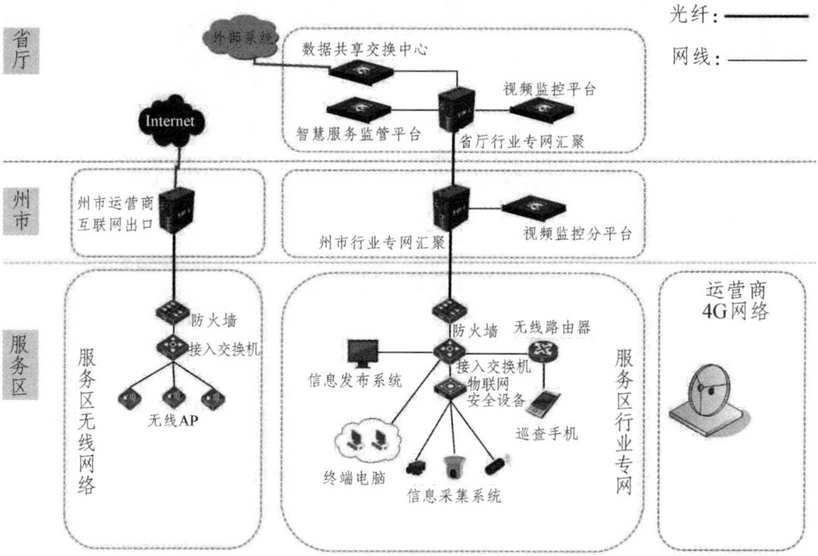

图 9.8.1-1 高速公路服务区信息安全架构

9.8.2 物联网终端接入高速公路行业专网要求通过“设备白名单”和“协议白名单”方式实现接入设备可信、传输流量可控，同时实现对终端设备类型识别、安全威胁发现、告警、阻断及定位功能。网络安全设备应接入省厅现有统一运维管理平台，实现统一的拓扑管理、日志收集和策略下发。

9.9 服务设施

9.9.1 中心服务区、普通服务区广场应设置高显色节能型 LED 可变情报板，便于路网交通信息发布，应满足交通运输部《高速公路监控技术要求》(交通运输部 2012年第3号公告)的规定。

9.9.2 服务区可设置停车位和充电设施引导设施，提供停车位容量、可使用充电机数量等动态信息。电动汽车充电设施配置应不低于表9.9.2-1的要求。

表9.9.2-1 服务区充电设施配置表

设 施	服务区分类		
	中心服务区	普通服务区	停车区
充电接口	不少于12个	不少于12个	不少于8个

9.9.3 综合服务楼应设置有线电视、计算机网络系统和综合布线系统。

9.9.4 综合服务楼可设置信息服务中心，包含咨询服务台、ETC客服中心、手机充电服务设施、智能查询终端等，提供高速公路地图、旅游交通地图、周边旅游、特色美食、地方特产等信息查询服务。

9.9.5 综合服务楼驾驶人休息区可设置共享休息舱,也可在室外独立区域设置集装箱式休息舱或休息木屋。

9.9.6 综合服务楼可设置无人值守便利店，提供24 h自动售卖服务。

9.9.7 综合服务楼可设置智能餐厅，提供智能点餐及机器人提供送餐服务。

9.9.8 餐厅、超市、公共卫生间、停车场等公共场所宜设置服务性 IP 广播系统，满足以背景音乐播放和运营管理广播、呼叫等为主的功能。

9.9.9 公共卫生间可设置智能厕位引导系统；大便器可采用脚踏延时阀，小便器或小便槽宜采用感应器或定时器控制冲水阀；洗手台可采用感应式龙头，使用率高的宜采用结实耐用的手按延时阀。

9.9.10 可在加油站旁或独立区域设置全自动快速洗车设备。

9.10 相关配套设施

9.10.1 在餐厅就餐区和食品加工区之间，可采取视频监视或透明玻璃橱窗等方式。

9.10.2 中心服务区宜设置应急救援装备，健全和完善公路网应急救援保障机制，提升应对突发事件快速响应、应急处置能力和服务水平。有条件的中心服务区可设置直升机起降点，在应急救援、防灾减灾、医疗救护等方面发挥重要作用。

9.10.3 服务区宜设置电子巡更系统。

9.11 综合管理平台

9.11.1 服务区综合管理平台宜与高速公路主线运营管理平台互联互通，交换共享相关数据，实现业务协同。

9.11.2 服务区运营管理单位可采取与互联网地图商或互联网电商合作的模式，共同开发 O2O 电商平台、移动端 APP 应用、微信公众号，向公众提供交通、旅游、购物、餐饮、住宿、车辆维修、紧急救助、移动支付等服务。

9.11.3 平台运营管理业务应具备的基本功能包括：

1 动态感知服务区各类信息。

2 对服务区多源多维数据进行分析。

3 服务设施的巡查管理，实现服务区日常现场管理的电子化。

4 服务品质监督管理可根据公众的真实客观评价，改进服务方式，调整服务策略。

5 服务区安全管理及突发事件应急管理。

6 服务区与高速公路主线之间的业务协同，在交通管制、抢险救灾时提供人员、车辆临时安置等协作服务。

7 服务区与服务区之间的业务协同，在各相邻服务区人流、车流、服务能力不均衡时，可进行车辆分流、疏导以及资源调度配置。

9.11.4 经营管理业务应具备的基本功能包括：

1 可实现对服务区多种业态的综合管理，进行统一收银、统一结算以及集中分析与决策。

2 可实现对社会公众出行需求、出行规律、行为偏好的分析。

3 可实现对人流量、车流量与销售数据的关联分析。

9.11.5 公共服务业务应具备的基本功能包括：

1 提供高速公路路网信息、旅游信息。

2 提供高速公路沿线交通运行状况、交通事件、公路气象等信息。

3 提供服务区运营信息，包括停车、加油、加气、充电、维修、餐饮、购物、娱乐等信息以及预约服务等增值信息。

4 提供服务区周边旅游景点基本信息、景点运行信息。

10 绿色服务区

10.1 一般规定

10.1.1 绿色服务区应在绿色公路体系内综合考虑。

10.1.2 绿色服务区应在其全寿命周期内考虑并兼顾高效管理与经济运营，其内容应包括节地与室外环境、节能与能源利用、节水与水资源利用、节材与材料资源利用、环境保护和绿色服务，并因地制宜地进行。

10.1.3 服务区应通过对当地环境资源和技术经济的分析，结合国家和地方相关政策，鼓励优先应用可再生能源。

10.1.4 服务区的废气、污水等排放应符合环评报告相关要求。

10.1.5 绿色服务区评估应符合 JT/T 1199.2《绿色交通设施评估技术要求　第 2 部分：绿色服务区》相关规定。

10.2 节地与室外环境

10.2.1 绿色服务区应考虑节约用地措施。

10.2.2 服务区内设施的布置宜利用原地形高差，优化总图设计和建筑空间形态。

10.2.3 有条件的服务区可建设地下、半地下、架空等立体停车场或屋顶停车场。

10.2.4 人行道宜采用透水地面铺装，场区内小型车辆停车区应采用透水铺装。

10.2.5 有条件的服务区宜采用人工湿地作为污水处理工艺场地，并与绿地统筹布设。

10.3 节能与能源利用

10.3.1 有条件的服务区宜采用可调节的外遮阳措施。

10.3.2 过渡季节应降低供暖、通风与空调系统能耗。

10.3.3 需对排风进行热回收时，应采用高效新风热回收系统。

10.3.4 室内公共照明系统应同时采取分区、定时、红外感应节能控制措施。

10.3.5 道路照明系统宜按室外照度及设定时间自动启停。

10.3.6 服务区给排水、通风设施应具备自动巡检、变频控制功能。

10.3.7 宜利用太阳能、空气能和风能等可再生能源。

10.4 节水与水资源利用

10.4.1 服务区内应设置污水处理回用设施，回用于冲厕、绿化、景观、浇洒道路等用途，再生水水质应达到GB/T 18920《城市污水再生利用 城市杂用水水质》规定的要求。

10.4.2 有条件的服务区应对雨水进行收集利用，尽可能采用可靠的处理技术保障水质。

10.4.3 场地路面及车辆冲洗应采用节水高压水枪冲洗或循环用水洗车台等。

10.5 节材与材料资源利用

10.5.1 服务区内建筑物及构筑物宜采用钢结构体系。

10.5.2 结构用筋宜尽量采用高强钢筋。

10.5.3 有条件的服务区建筑宜采用装配式建筑。

10.5.4 施工期供水管线及设施、供电管线及设施宜采取永临结合方式。

10.5.5 新建服务区土石方平衡应与主线土建统筹考虑，改扩建服务区宜自平衡。

10.5.6 服务区宜采用工具式模板、可再利用材料及构件、可再循环材料。

10.5.7 改扩建服务区应对原有的、尚可使用的建筑物、构筑物、设施设备加以保留和利用。

10.6 环境保护

10.6.1 服务区应考虑水污染防治，并应符合 8.1 节相关规定。

10.6.2 牲畜运输车停车位距人员密集区域应大于 15 m，并位于常年主导风向的下风向，距离其他车辆应大于 6 m。

10.6.3 客房和住宿的外墙、隔墙、门窗、楼板采用隔音材料，室内允许噪声级昼间应小于或等于 50 dB（A），夜间小于或等于 40 dB（A）。

10.6.4 服务区应进行垃圾有效分类收集和处理。

10.6.5 服务区宜设置垃圾收集站（点），并应有减少其臭味外溢的措施。

10.6.6 服务区建设时宜考虑表层土的可利用性，并采取集中收集堆放回用等措施。

10.6.7 服务区应对场地内及周边相关区域的原生自然植被、自然水系、水域、湿地等进行保护或保留。

10.6.8 服务区生物环境保护应满足下列要求：

1 服务区建设运营时应维持场地及周边各类动物、植物及微生物等各生物链平衡。

2 服务区停车场宜设置一定数量的绿植遮阴。

3 服务区绿植应因地制宜选择，采用乔、灌、草结合的复层绿化方式。具备条件的服务区宜采用屋面绿化、墙面绿化、中庭绿化等立体绿化方式。

10.7 绿色服务

10.7.1 服务区应设置电动汽车充电桩和汽车加气站。

10.7.2 服务区宜保证 30%的小型车停车位有遮阳设施，大客车停车位宜设置遮阳设施。

11 服务区+

11.1 一般规定

11.1.1 服务区建设宜与交通、旅游、商贸、物流、扶贫等功能相结合，形成特色主题。

11.1.2 具有复合功能的服务区建设应因地制宜。

11.2 服务区+旅游

11.2.1 应结合地方特色因地制宜在高速公路服务区增设休憩娱乐、票务、旅游信息和特色产品售卖等服务功能，设置房车车位、加气站和新能源汽车充电桩等设施，形成旅游特色主题服务区。

11.2.2 条件允许时，服务区应考虑与周边旅游资源充分结合，根据场地条件增设旅游服务中心、旅游信息标识牌、旅游信息电子显示屏或触摸屏、自驾车露营地等旅游服务设施。

11.2.3 旅游服务设施选择应考虑文化展现、经营模式、品牌营销和周边景区条件等因素，提升服务区的服务品质和经济效益。

11.2.4 旅游服务设施设计结合当地地域文化特点、历史积淀、风土人情，充分展现地方历史文化特色。

11.2.5 靠近旅游景区的服务区，应考虑保障服务区与景区连接的通达性和便捷性，合理组织人流和车流。

11.2.6 自驾车露营地建设应符合 GB/T 31710.2《休闲露营地建设与服务规范 第 2 部分：自驾车露营地》的相关规定。

11.3 服务区+商业

11.3.1 服务区可提供购物、休闲、娱乐、民俗表演等多种业态经营服务，以及大型会议、商业活动、婚嫁仪式等商务服务。

11.3.2 销售物品应以当地特色产品为主，并支持快递邮寄服务。

11.3.3 宜引入大型连锁化经营企业提供休闲、娱乐等服务，提升服务档次。

11.3.4 商户可通过广告推荐系统精准投放广告。

11.3.5 支持通过 O2O 电商平台提供消费服务。

11.3.6 商业结算宜采用智能化方式，支持银行卡、微信、支付宝、电子抵用券、客户预付账户等多种支付方式。

11.4 服务区+物流

11.4.1 宜根据地方经济及交通运输需求，充分利用服务区的中转地位，通过对服务区软硬件设施升级改造，有目的性和针对性地发展物流产业。

11.4.2 运用高速公路网状运输优势，合理利用服务区土地资源，带动区域经济发展，筹建“服务区+物流”运营模式，提供高速公路创新发展的新选择。

11.4.3 根据高速公路发展模式和需要，制定高速公路物流发展的思路和方向，与具有一定综合物流能力的大型物流企业合作，制订“服务区+物流”建设方案，提供快捷、高效、绿色的网络物流服务，积极打造服务区物流口碑和品牌效应。

11.4.4 依据高速公路路网服务区设置原则及布设间距，在合理位置建设服务区+物流基地，形成带状、网状的物流传输。

11.4.5 服务区+物流发展模式如下：

1 物流集散中心。利用交通便利、点多面广优势，建立小件货物运输系统，开展运输、仓储、配送、中转、包装、报关等综合性物流服务。

2 大型物流园。利用靠近大中城市的服务区建立大型物流园区，通过集成现代化的物流枢纽、物流服务运营商和物流新型服务区供应商，提供完整的物流解决方案。

3 物流信息港。利用高速公路现有的通信网络，建立物流数据交换平台，实现物流车资源发布、货物跟踪、车辆跟踪及仓储管理等功能。

4 高速公路与地方道路物流互联互通。靠近大中城市、路网密集的服务区建立基于物流基地的开放服务区，连接地方道路，满足城市物流疏散和集中配送。

11.4.6 服务区按功能合理分区，兼具基础服务功能及物流基地功能，合理配置标志、标线及VI系统。

11.4.7 服务区内通过定向物理隔离及标志标线引导系统实现物流车辆、社会车辆的分离管理。

11.4.8 进出服务区物流基地进出口设置带有计重收费设施的收费车道，对车辆按高速公路载重费率进行收费。

11.4.9 服务区物流基地出入口、货车转弯路口及高点位置设置高分辨率广角全景摄像机。

11.4.10 物流基地内宜配置IP广播系统，便于交通疏导。

11.5 服务区+扶贫

11.5.1 宜以服务区为“平台”，带动地方农产品销售，为沿线贫困户提供就职岗位，形成“服务区+产业扶贫”“服务区+就业扶贫”的格局。

11.5.2 服务区可提供农家小吃、特色民宿、亲子采摘、本地土产等多种吃、住、娱、购服务，实现精准帮扶。

11.5.3 服务区宜建设本地产品展销中心，对贫困地区特色农产品、工艺品进行集中展示和销售。

11.5.4 服务区餐饮原辅材料宜从当地采购，解决贫困家庭销售难的问题。

11.5.5 服务区用工宜优先考虑周边村民，提供相应的工作岗位，实现就业扶贫。

12 开放式服务区

12.1 一般规定

12.1.1 条件允许时，可考虑建设开放式服务区，但应做好服务区内外交通组织和收费系统设计。

12.1.2 开放式服务区应做好功能分区和交通流线组织，避免外部交通干扰服务区内部交通的正常通行。

12.1.3 开放式服务区建设应考虑人车流线、交通安全、环境需求等，做好服务设施布局。

12.2 设置条件

12.2.1 开放式服务区设置应符合高速公路设计的相关规范和技术标准，不应影响高速公路主线的设计通行能力和服务水平。

12.2.2 开放式服务区设置应与项目所在地的城乡建设规划、旅游规划、路网布局规划等结合，作为城市综合体、新农村综合体以及“交旅融合”的有机组成部分。

12.2.3 开放式服务区设置应结合地方发展、高速公路预测交通量等，合理选择设置位置，符合“因地制宜、交通便利、促进区域发展”的原则。

12.2.4 当开放式服务区需具备标准型服务区以外

功能时，扩展部分的建设、经营主体应依法落实，各方责任、权限界面应划分明确。

12.3 选址与建设模式

12.3.1 开放式服务区的选址应选择靠近城镇、旅游景区等区域。

12.3.2 开放式服务区可考虑与地方城镇和旅游景区共建的建设模式，也可预留辅道出入口由地方修建辅道的建设模式。

12.3.3 开放式服务区应根据客运、物流、休闲、购物等功能定位，合理确定建设模式，考虑未来发展可一次规划、分期建设。

12.4 功能分区及交通组织

12.4.1 开放式服务区划分为基本功能区、拓展功能区和外部活动区。

12.4.2 开放式服务区应适度扩大服务区封闭范围，服务区周边占地界应设置隔离设施。

12.4.3 开放式服务区应优先采用人车分离的交通组织措施，限制外部车流进入服务区，在开放式服务区外设置停车位，外部人流可步行进入服务区。

12.4.4 外部车辆允许进入开放式服务区时，服务区边界进出口必须设置收费系统，不宜少于“一进一出”两个车道，并符合交通运输部《收费公路联网收费技术要求》（交通部2007年第35号公告）、《收费公路联网电子不停车收费技术要求》（交通运输部2011年第13号公告）及JTG/T 6303.1《收费公路移动支付技术规范 第一册 停车移动支付》的规定。

附录 A　服务区设施功能配置

本指南结合交通运输行业相关规定以及新一代信息技术发展趋势，提出新的配置标准，对云南省地方标准 DB 53/T 2011《高速公路服务设施设计规范》进行补充和完善，见表 A.1。

表 A.1　云南省高速公路服务设施功能配置一览表

服务设施类别	功能配置		中心服务区	普通服务区	停车区
车辆服务设施	停车场		●	●	●
	加油（气）站		●	●	—
	充（换）电站		●	●	●
	车辆检修		●	●	—
车辆服务设施	制动检查		—	—	—
	加水站		●	●	●
	交通信息提示牌		●	●	○
	交通导向标志		●	●	●
	场区安保		●	●	○
	场区照明		●	●	●
人员服务设施	公共卫生间		●	●	●
	住宿设施		●	○	—
	餐饮娱乐	餐　厅	●	●	○
		水吧、茶室	●	○	—
		健身娱乐区	●	○	—

续表

服务设施类别	功能配置		中心服务区	普通服务区	停车区
人员服务设施	购物	综合性超市	●	●	—
		便利店	●	○	○
	室内外休息区	室内休息室	●	○	○
		室外休息区	●	○	○
		健身娱乐区	●	○	—
	商务服务及信息服务	商务及信息查询	●	○	○
		免费 WiFi 服务	●	●	●
		自动存取款机	○	—	—
		电子信息屏	●	○	○
	司机之家		●	○	—
	简易医疗		●	○	○
管理及附属设施	管理用房		●	●	●
	加水站业务用房		—	—	—
	员工宿舍		●	●	●
	辅助设备用房		●	●	●
	污水处理		●	●	●
	垃圾处置		●	●	●
	应急蓄水设施		●	●	●
拓展设施	旅游休闲娱乐		○	○	—
	高速公路应急储备		○	○	—
	仓储、物流服务		○	○	—

注："●"：必选；"○"：可选；"–"：不作要求。

附录 B　服务区布局形式

图 B.1 给出了服务区基本布局形式。

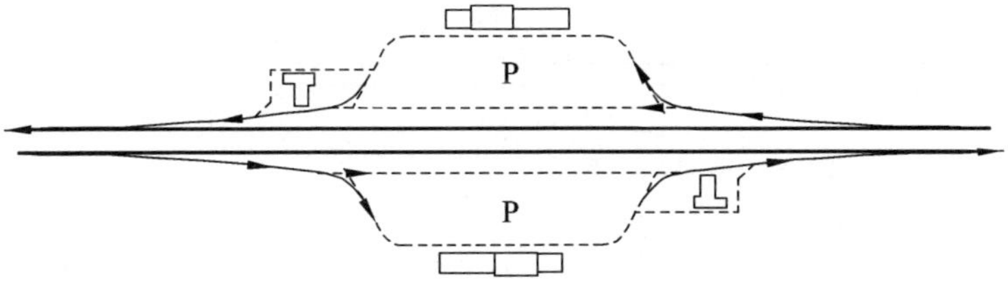

（a）分离式外向型

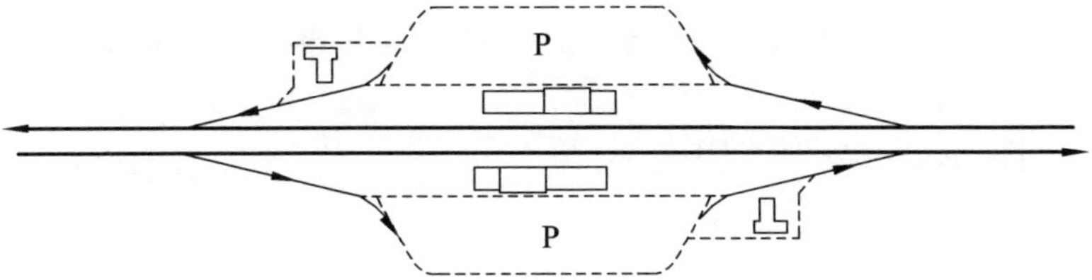

（b）分离式内向型

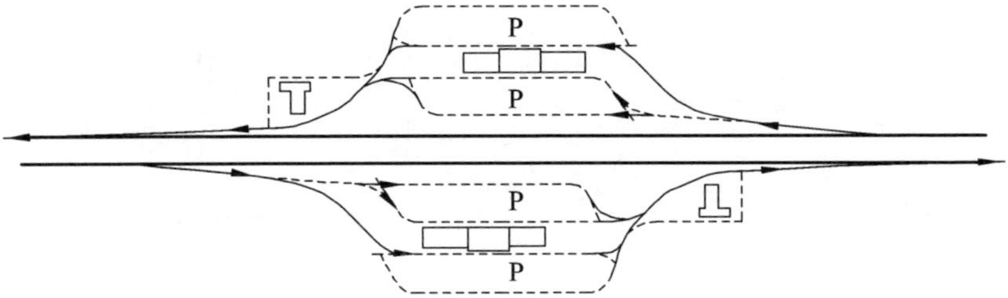

（c）分离式内外向并用型

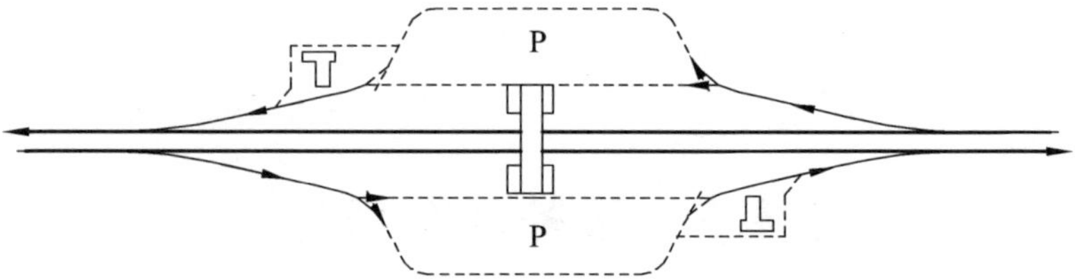

（d）分离式跨线型

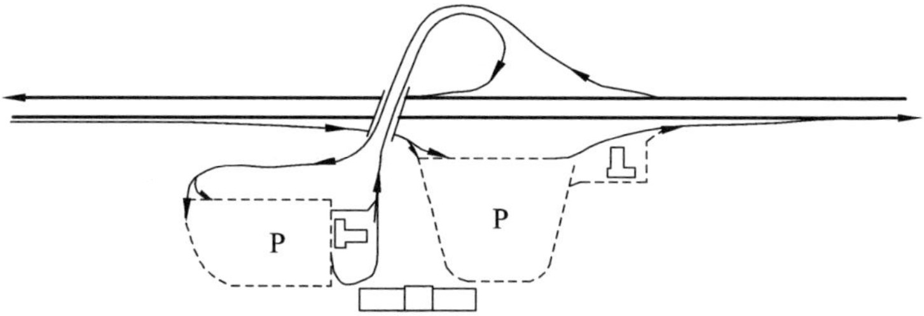

（e）集聚式单侧集聚型

图 B.1 服务区几种基本布局形式

图 B.2 给出了服务区与互通式立体交叉合并的布局形式。

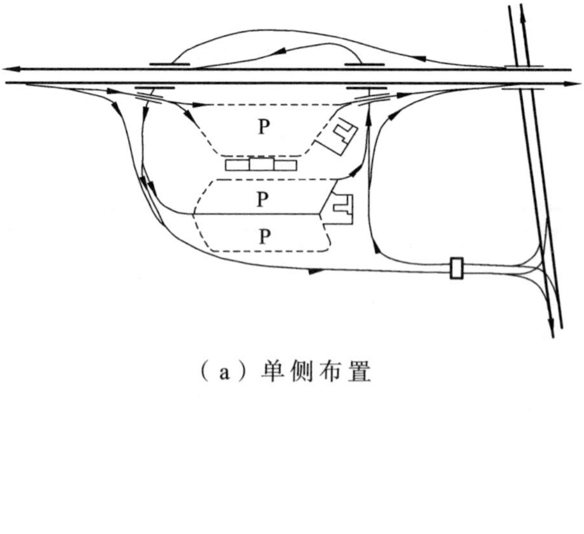

（a）单侧布置

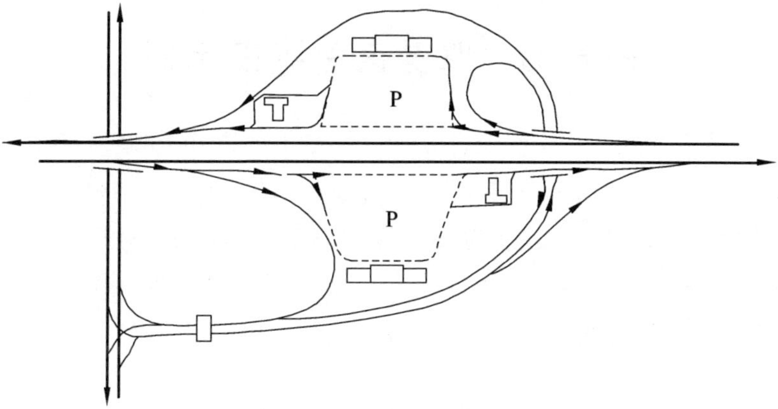

（b）两侧布置

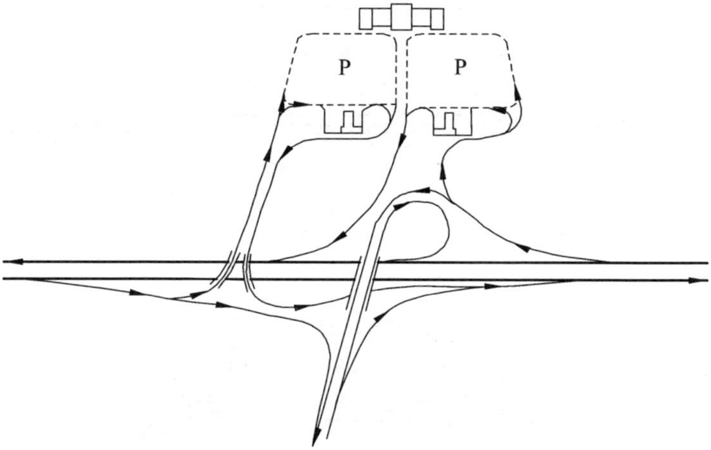

（c）外部布置

图 B.2　服务区与互通式立体交叉合并布局形式

附录 C　服务区总平图示例

服务区总平面布置范围包括入口匝道至出口匝道，以综合楼、停车场（货车区、客车区）、加油区、维修区、附属用房区和道路交通为纽带进行场所和建筑设施综合布置，一般可采用综合楼后置型、综合楼中置型、综合楼前置型三种布置形式，如图 C.1 所示。

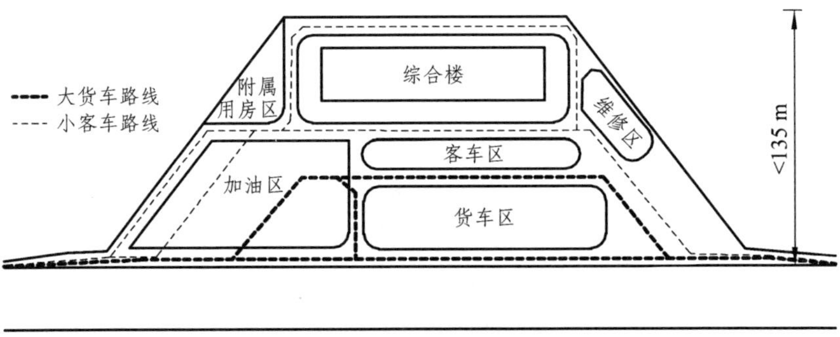

（a）综合楼后置型

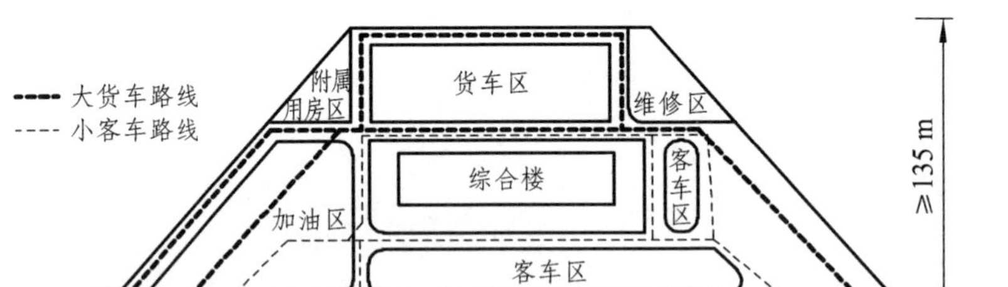

（b）综合楼中置型

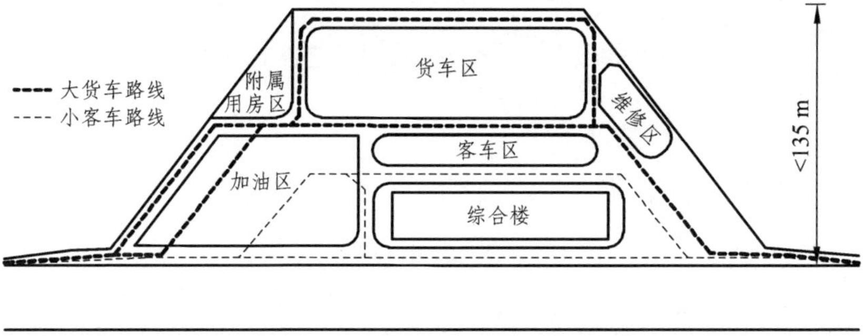

（c）综合楼前置型

图 C.1　服务区总平面示意图

附录 D　服务区停车方式

图 D.1 给出了小客车停车方式。

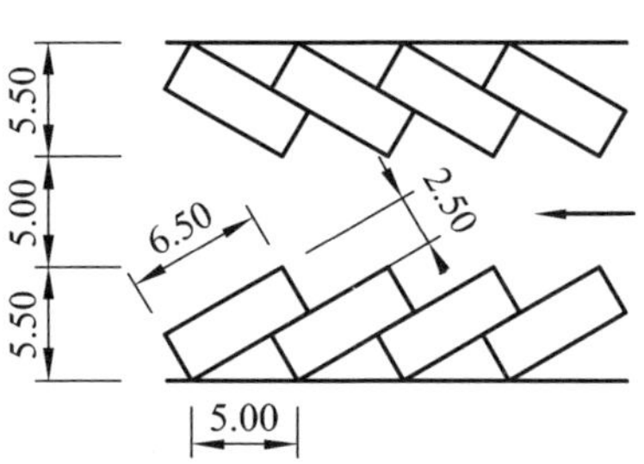

（a）30°前进停车、后退出车

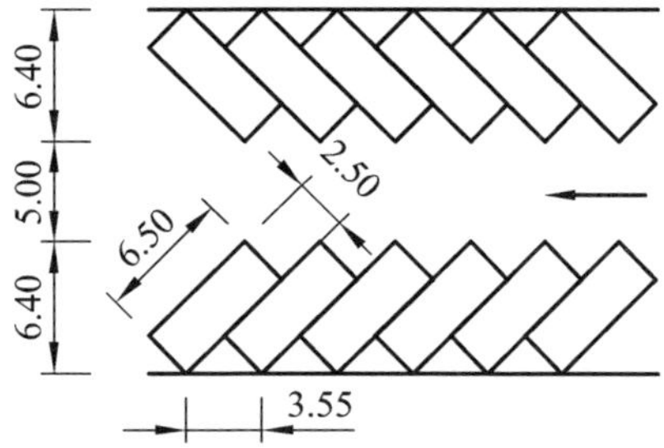

（b）45°前进停车、后退出车

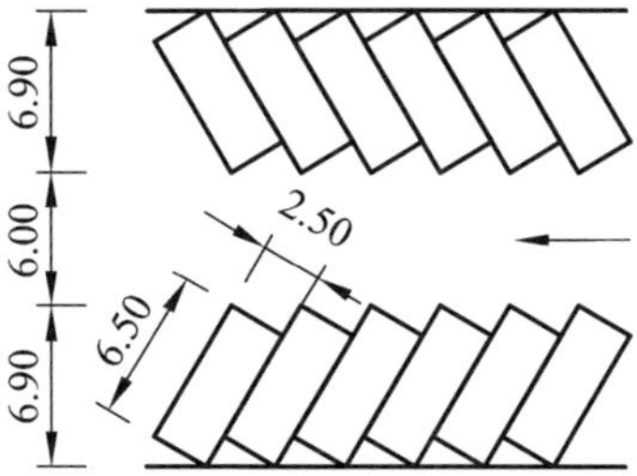

（c）60°前进停车、后退出车

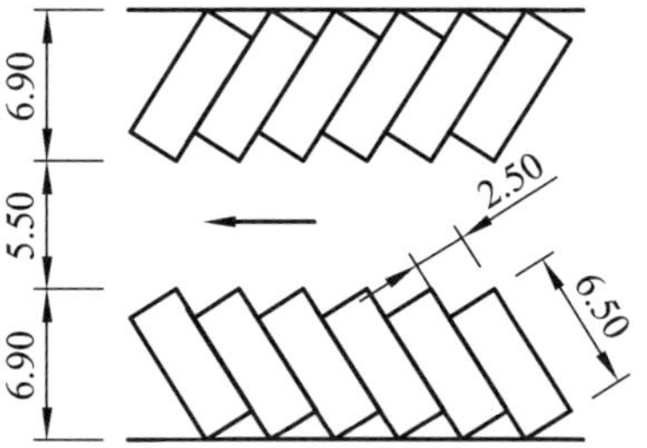

（d）60°后退停车、前进出车

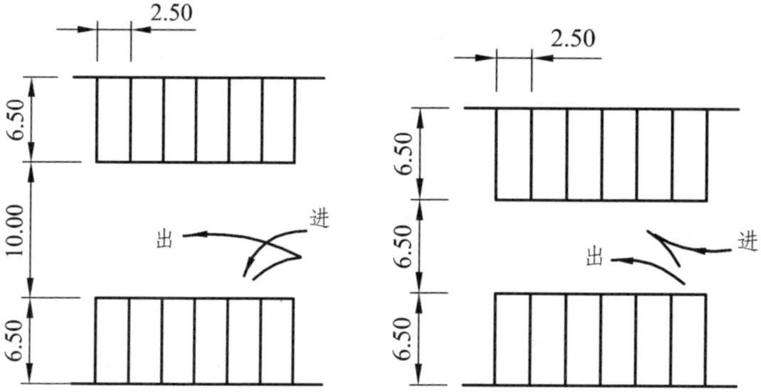

（e）90°前进停车、后退出车　（f）90°后退停车、前进出车

图 D.1　小客车停车方式示意图（单位：m）

图 D.2 给出了大客车、大货车停车方式。

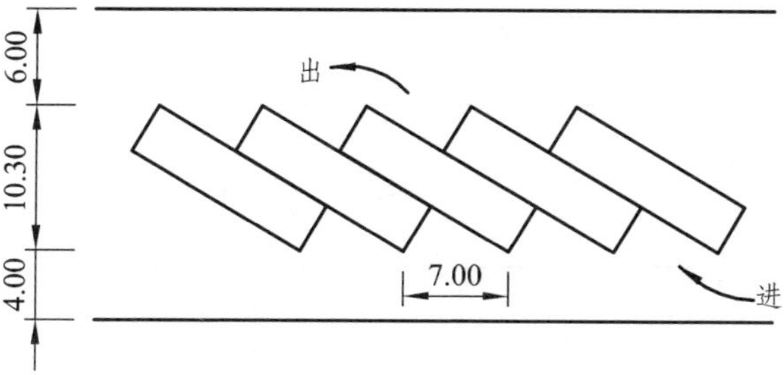

（a）30°前进停车、前进出车

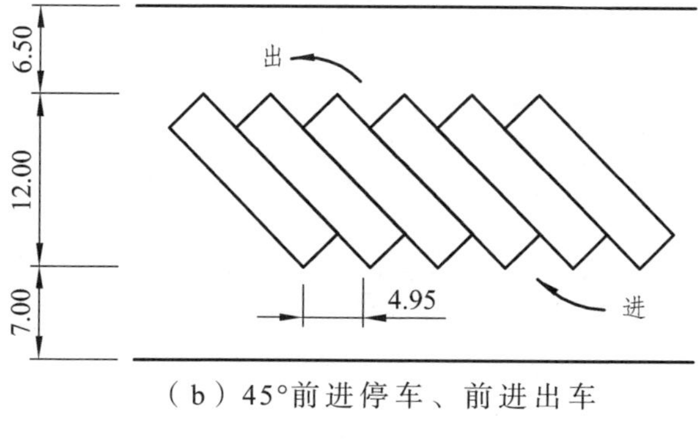

（b）45°前进停车、前进出车

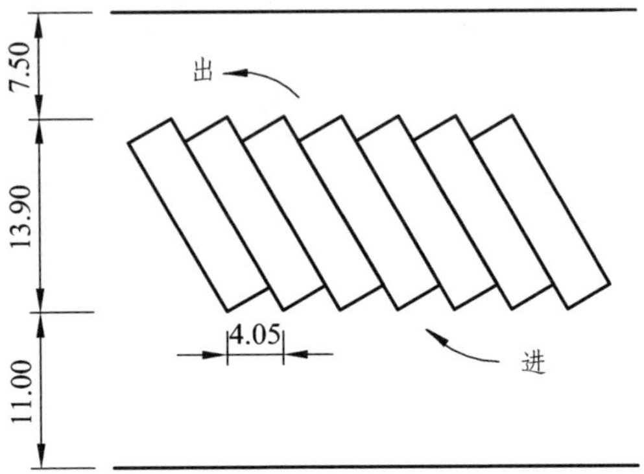

（c）60°前进停车、前进出车

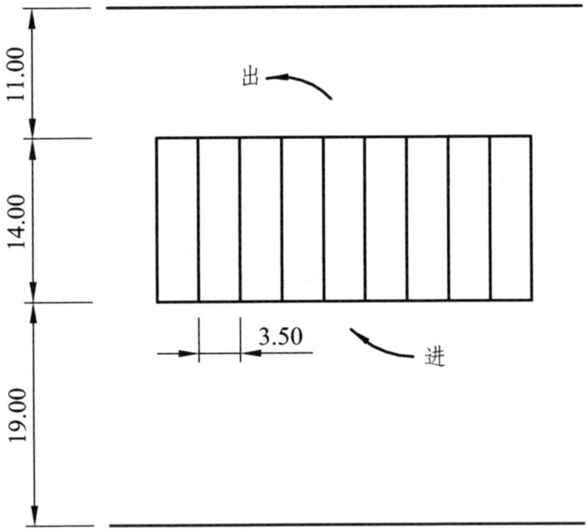

（d）90°前进停车、前进出车

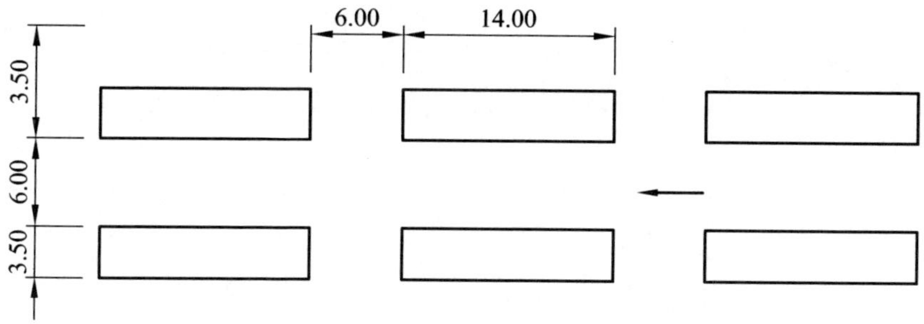

（e）平行式停车

图 D.2　大客车、大货车停车方式示意图（单位：m）

图 D.3 给出了超长车停车方式。

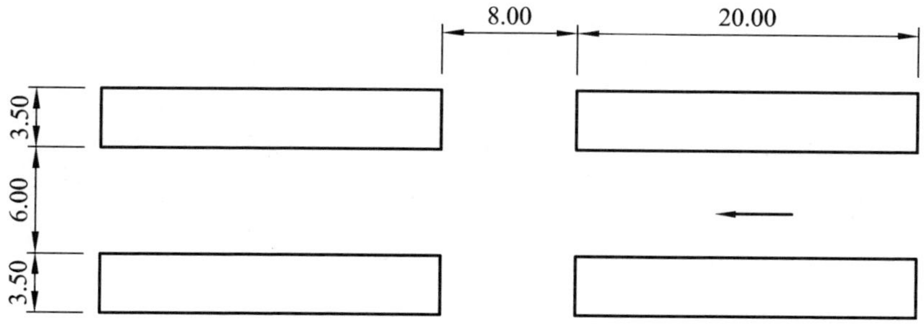

图 D.3　超长车停车方式示意图（单位：m）